これからの
授業研究法入門

23のキーワードから考える

秋田喜代美・一柳智紀
坂本篤史・濱田秀行 著

東京図書

Ⓡ〈日本複製権センター委託出版物〉
◎本書を無断で複写複製（コピー）することは、著作権法上の例外を除き、禁じられています。本書をコピーされる場合は、事前に日本複製権センター（電話：03-3401-2382）の許諾を受けてください。

目　次

まえがき　iii

第Ⅰ部　授業を研究することへの誘い　　　　　　　　　　　　　1

　1　なぜ授業を観るのか　　　　　　　　　　　　　　　　　　2
　2　授業を参観するためのまなざし　　　　　　　　　　　　　14

第Ⅱ部　授業で何を見るのか　　　　　　　　　　　　　　　　27

第1章　話し言葉の質　　　　　　　　　　　　　　　　　　　28

　1　発話のつながり　　　　　　　　　　　　　　　　　　　　29
　2　話し方の特徴に見る学びの質の違い　　　　　　　　　　　37
　3　沈黙と間（つぶやき、沈黙、間、待つ時間）　　　　　　　44
　4　わからなさから生まれる互恵的な学び　　　　　　　　　　51
　5　聴くこと　　　　　　　　　　　　　　　　　　　　　　　58
　6　子どもが探究する問い　　　　　　　　　　　　　　　　　64
　7　非言語　　　　　　　　　　　　　　　　　　　　　　　　74

第2章　書き言葉の質　　　　　　　　　　　　　　　　　　　86

　1　学びの過程で書かれることば　　　　　　　　　　　　　　87
　2　子どもの思考とワークシート、思考ツール　　　　　　　　95

3	学びを反映する振り返りの質	103
4	ポートフォリオ	111

第3章　教室空間と場 — 118

1	教室空間の物理的なデザインと学び	119
2	構造的・非構造的教室空間	127
3	学びを支える道具	136
4	多様な学びの場	148

第4章　時間系列での学びの変容 〜個と集団の発言や言葉を考えていく〜 — 155

1	授業における様々な活動	156
2	1時間の展開	164
3	単元のデザイン	174
4	カリキュラムマネジメント	184
5	グラウンド・ルール	191

第5章　学びを仲立ちするメディア — 198

1	一人一台端末	199
2	学びのリソース（資源）	208
3	ICTやクラウド	215

まえがき

　本著は、『これからの質的研究法—15の事例にみる学校教育実践研究』、『これからの教師研究—20の事例にみる教師研究方法論』に続く学校教育に関わる研究方法論の第3作目としてお届けする図書です。東京図書のこの研究法シリーズは、学校教育学や教育心理学、教育方法学を学ぶ学部生や院生の方だけではなく、現職教員の方や教育委員会で働かれる指導主事の先生など教育行政関係者の方にも数多く読んでいただくことができました。そこで、今回は、はじめて教室に入って授業を参観したりインターンシップ等に参加する学生さんから、学校において校内研修で授業を観て探究する授業研究等に関わる現職の先生や、教職大学院で授業に関わる研究を行う方々までが読んでいただくことを意識しました。本書は、現在の学校教育で求められている「主体的・対話的で深い学び」の実現に取り組む学校での授業を参観するのに留意したい点や視座を示しています。また、教室談話や授業研究に関わる概念や知識を基礎教養として知っていることで、授業を観る際にも授業がより具体的かつ体系的に見えたり、子どもたちの声や対話を意味づけ価値づけることができるようにと、著者4名が協働で考え挙げた概念や知識を構造的にまとめてお届けするものです。おそらくこの概念や視点をもつことで、授業を観る解像度がより明確になればと願っています。

　教員養成の段階ではどのように児童生徒を指導するのかという指導法は学んできたが、どのように児童生徒の学びを授業の中で捉えるのか、声を聴くのかを学ぶ機会は少なかったという話を、現職の先生方から研修等で伺うことがあります。また一方で教育実習生等からも実習で何をみたらよいのかに最初は戸惑ったという声も聴きます。現在、授業の方法や空間も、授業等で用いるツールも一人一台端末をはじめとするデジ

タル学習基盤の充実によって急激に変化してきています。児童生徒が出会う学習環境に目を向けることも重要となっています。それらを通して、子どもたちの学びの過程をとらえていくことが求められています。

　校内研修の方法を記した本は、レッスンスタデイの広がりもあり、これまでにもいろいろ刊行されています。しかし、授業をどう見るのかという点に焦点を当てた本はあまり多くはありません。しかし、私たち4名の著者は、子どもの目線から子どもの学びをみるための視点、概念や研究方法の本が必要ではないかと考えています。校内研修等での授業の研究が一層深まるためには、単元や授業のデザインと授業を関連付けてとらえ、いかに語るか、授業をどのように観るか、それによっていかに気づきを得るかという視座とその共有が極めて大切なのにもかかわらず、それらを実践の事実に基づき整理した本が少ないという問題意識が私たちにはあります。

　本書を編集する際に、大きく3つの工夫をしています。第一の工夫は、授業や授業研究に関わるキーワード、概念について、実際に著者らが参加した校内研修や授業参観等での具体的な事例とその写真を入れて紹介をしている点です。著者4名は小中高校の校内研修に各地域で何年も入れていただいてきているメンバーです。各概念について、具体的事例と共に解説をすることで、授業を観る視点の多様性が得られれば幸いです。

　また第二の工夫は、空間やICTをはじめとするツールや学習リソースにも目を向けた項目も入れている点です。授業の方法は、2020年代に入りコロナ後にさらに大きく変わってきています。教師が一斉型で話し指導する授業だけではなく、学びの環境や道具をデザインし、生徒自身がその環境に協働で主体的に関わって学んでいく姿は様々な学校で見られるようになりました。このような動向を踏まえて、項目を考えました。またさらに、授業を理解し研究する際にも、1時間の授業だけを研

究や検討する本時主義を超えて、単元の中でその授業の位置づけを意識することが当然のことですが、大事です。単元を貫く問いや子どもの思考過程が問われます。授業者はカリキュラムマネジメントに工夫を加え、「前時―本時―次時の授業へ」と単元のデザインのつながりの中で授業を実施しています。このように空間や時間の広がりの視座をもって授業を観ることができるようにという願いをもって、本書では項目を編成し紹介を行っています。

　そして第三には、概念や知識のみではなく、授業研究は参観者の感性や感覚によるところも大きくあります。この点に関しても、言語化を試みた点です。非言語的側面も写真を通して紹介しています。学びの質を質感からとらえる挑戦でもあります。

　本書は、どこから読み始めても可能なように作られています。パラパラとみて気になるところから読み始めることも可能です。その一方で全部を読んでいただいた上で、実際の授業を観てみると、こんなことも見えてきたというような感想をもっていただければ、うれしいことはありません。小学校から高校までに子どもたちは経験する約11000時間あまりの授業の時間がより豊かなものになることを願い、その一助に本書がなれば嬉しく思います。また学生さんが初めて学校に参観に入る前に読んでみていただくことで、授業のおもしろさや授業者の先生方の工夫が一層よく見えてきたとしたら、ありがたく思います。そして深い学びへの児童生徒の方向性を得る一助ともなれば幸いです。

著者一同
秋田喜代美・一柳智紀・坂本篤史・濵田秀行

第Ⅲ部　授業を研究するのに大事なことは何か　　225

1　自らの気付きを大事にする　　226

2　他者との対話に参加する　　230

3　研究として記録にまとめる　　233

掲載協力校　237

あとがき　239

索引　240

装幀◎高橋　敦（LONGSCALE）

第 I 部

授業を研究することへの誘い

1 なぜ授業を観るのか

2 授業を参観するためのまなざし

1

なぜ授業を観るのか

授業を観ることでしか得られない魅力

　デジタル機器の進展と共に、授業をカメラで記録してみることも、オンラインで接続して遠隔から見ることも容易にできるようになりました。しかし教室に入れていただき、授業を自分の目で見ることでしか、得られないものは何でしょうか。授業を観る目的は、この本を読んでくださっている読者の方によって異なっているでしょう。しかしそこに、授業を研究することの魅力があると考えられます。ここでは3点を挙げてみます。おそらく人によっていろいろなことが挙がるかもしれません。

　第1は、実際の子どもたちの学びの過程をライブで観ることができるということです。同じ単元や教材を扱っても、授業者である教師一人ひとりによってその授業の在り方は違います。その場に35人の子どもがいればそこには35通りの個々の学びがあります。また授業は基本学級集団を単位とした学びの場であり、一人ひとりの学習の認知プロセスだけではなく、そこには多様な関係性をみることができ、その子ども一人ひとりがどのようにその場に居てどのように参加しているのかを観ることができます。学びの過程には、驚きや戸惑い、わかることの喜びなど様々な感情が揺れ動く場でもあります。話し言葉や書き言葉でのコミュ

2 　第Ⅰ部●授業を研究することへの誘い

ニケーションと共に、非言語的なものとしての表情やたたずまいを、参観者がその場の雰囲気や質感を感じ取り共有することができると言えます（秋田・藤江，2010）。

　以下の写真を見てください。これは小学校4年生道徳の授業です。授業者が授業の始まりに資料を提示した時のそれぞれの子どもたちの姿です。そこでは一人ひとりの子どもの思考が動き出していること、しかしそれがどのように表出されるかはそれぞれにちがうことを写真から感じ取ることができるでしょう。

写真　同一時間での多様な子どもの表情

　またそうした一瞬での同じ教室空間でも、一人ひとりの子どもの姿を

1 なぜ授業を観るのか　｜　3

捉えることができるだけでなく、時々刻々と変化する中で学びの進展と共に同一の子どもの中でも多様な姿を捉えることができます。以下の一連の写真は、同じ授業でクラスの中の一人の子どもが授業の中で学びながら変化する表情を捉えています。彼女は授業中、自分だけの疑問を持ちますが、皆と意見が違うがゆえに真剣に考えています。

写真 一人の子どもの学びの過程での表情の変化

　仲間の話をじっくり聴いています。そしてその後、彼女の疑問が教師によって取り上げられ仲間との対話の中で自分の考えを深め、授業の終わりにノートに自分の考えをまとめます。書きあげた後、授業の終わりには自然に満足した笑みが浮かんでいます。

一人の子どもの傍らで観ていくことでその子の学びの過程を捉え、ノートに何を記したかを捉えることもできます。言葉にはならない、言葉で考えや理解が生まれる過程を観ることができます。時には一度は書いた文を消しゴムで消して書き直したり、そこで何を書いたり消したりしていたのかは、ある子の傍らで観ることで見えてきます。すべてを見ようとしても見えないのが授業です。一方特定の子どもやグループを見ていくと、そこからいろいろなつながりや関係性が見えてくるのが授業だということもできます。

　こうした見方ができるためには、授業を観る際に「よい授業かどうか」「教師は授業がうまいかどうか」「荒れたクラスかどうか」などの先入観や、自らの持っている価値観をもって教室に入り価値づけをしたりは一切しないで、ありのままを見る構えをもつことが大事です。どのような出会いをその授業とできるのかという期待をもって見ることです。もちろん、単元計画や指導案などを受け取っていれば、その内容を頭に入れてみることは極めて大切ですし、あらかじめその先生や子どもたちにとっての情報や説明を聞いたりしていることも有効ではあります。しかし、今ここを集中して観ることが大事になります。

　そして第2の授業を観ることの魅力は、同じ場で同じ授業を見ていたとしても、そこで何を観るかは参観者によって異なるということです。また、授業は観ようとしてもその背景にある知識や参照枠組み、観る姿勢がないと見えてこないと言われます。これは授業者も参観者も同じです。見えないからこそ見えるようになりたいと思うということです。石井（2023）は授業が見えるためには、①子どもが見える、②学習材（題材、テキスト）が見える、③子どもの学びが見えることの3点が絡まり合って教師には授業が見えてくると述べています。学習材の意味や価値が見える（わかる）、子どものわからなさに存在する学び（の過程でのつ

1　なぜ授業を観るのか　5

まずきのわけ）が見える、わからなさで戸惑う子どもの気持ち（心情）が見えることで授業は見えるのであり、見ようとしてみえるものではなく、むこうからひらめきのようにやってくるものとしてみえるということがあります。だからこそ、日々の自らの見方を記して振り返ることが意味をもちます。また、参観後に他の人と語ることで新たな気付きが生まれることが、授業を観ることの魅力であるとも言えます。一人ではすべては見えない、授業を行っている授業者だけでは見ることができないからこそ、同僚の教師や参観者が協働してジグソーパズルのように小片をつなぎ埋めていくことで、授業の像はより立体的に見えてくるといえます。

目には見えないコミュニケーションのわずかな間や待つことが興味関心を引き、思考を生み出す時間となっていること、語っている子どもだけでなく、その語り手にまなざしを向け聴いている子どもの姿から見えてくるもの、学級の中で展開としてうねりのように生まれる雰囲気や集中が切れた瞬間などは、その場で観ることを重ねることで、身体感覚を研ぎ澄まして感知していくものともいえます。

しかし、参観者として授業を観るためには、授業の構造や見方について、授業研究の先達の研究者たちが示してきた概念や知識を持っていること、その枠組みの眼鏡をかけると見えてくる部分があり、見方がわかるということがあります。それを本書第Ⅱ部では、「話し言葉の質」「書き言葉の質」「教室空間と場」「時間系列での学びの変容」「学びを仲立ちするメディア」として5つの章に分けて解説していきます。

第3の魅力は、授業は空間や時間の広がり、継続的なつながりを持ってみることでよりよく見えるということがあります。学校に向かう中でどのような地域かがわかり、学校の門を入った時から様々な子どもの姿や掲示物をはじめ物理的な環境が目に入るでしょう。そこでどのような社会文化的な文脈、物理的文脈の中で子どもたちの生活を学びが成り

立っているのかを、学校の雰囲気や授業を参観する教室空間の様子など
から理解をすることができます。また授業の開始前の休み時間と授業時
間の始まり、チャイム後の姿などを連続的に見るからこそ、子どもたち
の学びの様子が類推できるということがあります。

　また単元の中でその授業が何時間目かを位置付けて見る、同じ学級へ
の参観を繰り返す中で、日ごろの授業の中で繰り返されていることが何
か、その時の固有性が何かを出来事の中で見ることができます。

　授業を研究することは、参観者にとって、個々の子どもや教師の学び
の過程であり、それぞれの輝く瞬間に立ち会ったり困り感や課題を乗り
越えたり大人の思いの枠を超える発想に出会う魅力があります。また同
時に、その参観者だから見える、見えてくるという参観者の独自性をも
つ営みからの関係論的な魅力、そして場との関係（ラポール：信頼関係）
を作り、継続やつながりを通してよりよく見えてくる魅力があります。
ですから、生身の参観者がライブに立ち会うことでしか感じられない醍
醐味、見えないものに毎回気づく場であるということができます。自分
が何をどう見るかがブーメランのように自分の学びや研究に返ってくる
のが授業の研究と言えます。

授業を観るための参観者の居方

　その人の参観の目的や見方、知識や意図によって授業から何を観て何
を学ぶかは違います。それと関連して、カメラにアングルがあるように、
授業を観るには物理的に社会的に倫理的に、参観者がどのようにその授
業の場に居るかという立ち位置や距離感が影響をします。

　教師の一斉指導での指導技術をみて学ぶという目的で、伝統的には、
教室の後ろ位置から黒板の前に立っている教師を捉える見方が当たり前

1 なぜ授業を観るのか　7

だった時期もありました。しかし後ろからでは子どもが学びの過程で時々に示す表情やまなざし、うなずきなどを捉えることはできません。子ども間、小グループ間でのあり方などの差異や多様性を捉えることもできません。何を観たいのかによって教室のどこに立つのか、どのような姿勢で見るのかは変わってきます。

　以下の2枚の写真を見てください。これは小学校3年生が算数の授業でペアや小集団でのグループで課題を解いている場面です。傍らの教師はとてもよく子ども同士の会話にまず耳を傾けているのがわかると思います。授業者はもっとよく子どもの話を聴こうと近寄っています。子どもの後ろ側で見ている同僚の女性教師も、しゃがんで、傍らでペア同士でつぶやいている子どもの声を聴こうとしています。また後ろのマスクをかけた参観者は左の写真より右の写真ではより前のめりになって聴いているのが見えます。

写真　時間と共に変化する授業者・参観者の立ち居方や姿勢

　子どもの机から距離をおいて立っていれば全体を俯瞰的に観ることはできますが、ある子どもやグループがそこで何を語ろうとしているのかを観たり聴くことはできません。だからこそ、どのような姿勢や位置取りから見るかが何を観るのかに影響をします。子どもの目線や高さに沿うとつぶやきが聞こえ、書いている物をよく見ることができます。学校

の校内研修等では、どの子やどのグループを観るかをあらかじめ決めて
みている学校もあります。

　授業を参観する人の立ち位置や姿勢と同時に大事なことは、授業者や
生徒にどのようなまなざしを向けているかということです。私は若い頃、
「秋田さんはうなずいてくれたり笑顔をむけてくれたり、子どもと同じ
目線でしゃがんでみたりしてくれるから、授業をやっている方も安心し
ていつも通りできる」と言われたことが何度もありました。私の場合は
その言葉をいただくことで初めて自分がどのように授業を観るのか、何
が大事かを体得してきました。鋭く冷たいまなざしでどこに問題がある
のか、何を授業後に指摘しようかという目でみていれば問題点しかみえ
てきません。その場にいる子どもや授業者はどのような気持ちに思い
をはせて非言語的な応答をすることが、参観者にも大事なことではない
かと思います。それが AI やデジタル録画だけでの観察や記録との違い
でしょう。研究目的の場合には、客観的に事実を精緻に観ることは大事
です。しかし、それと授業を見せてくれる授業者や子どもたちにどのよ
うなまなざしを向けるのかは別の事でもあります。意識して共感的に観
る姿勢、その授業者や子どもたちに学ばせてもらう意識を持つことで、
参観者にとってより自然な、より良い姿を見せてくれることにつながり
ます。つまり、授業参観者は壁の花や透明人間ではなく、場に居ること
での相互の影響を考えてみることが大事になります。学校によって研修
等での授業の見方も違っています。授業者にとって圧迫感を与えない、
子どもの学びの過程を観たりつぶやきを聴くことができるようにという
ところから各学校は工夫を凝らしていると考えます。見方に決まりはあ
りませんが、授業は教師も子どももありのままの姿をさらけ出して参観
者に開示してくれているものだからこそ、そこから学ぶための姿勢を考
えていくことが大事といえます。

1　なぜ授業を観るのか　9

以下の写真はある学校での教師の参観の姿です。読者の方はどのように感じられるでしょうか。

写真　参観同僚教師の居方

授業を観ることと記録すること

　授業を観る時には、観ているだけでは流れてしまうので、観たことを記録することが大事になります。ノートやタブレットに記す、ビデオカメラや写真に撮るなどの様々な方法があります。大事なことは記すことで振り返りを可能にしていくということです。まずは即興的なメモや記録となります。教師の欄と児童生徒欄を分けて発言や気づきを記す人もいれば、生徒の固有名を書いたり気付きを別の色で描き分けている人もいます。アプリなどを活用してタブレットで写真とペンで同時に記録している人もいます。

　以下は校内研修で実際に同僚教師の授業を記録した時の手書きメモノートです。たとえばここでは3人の教室が同じ授業を観て取った記録の例です。

　A先生は大事な点を赤で囲み流れを書いています。子どもの表情や体の動き、またそのことが意味していることを事実と解釈をわけて書いています。

写真　参観時の記録　教師A

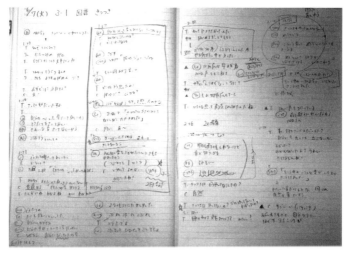

写真　参観時の記録　教師B

　B先生はその事実が発生している時刻と気になる言動を書いています。
　C先生は耳に入った言葉はひと通りメモし、注目している子の表情、体の動き、うなずいた背景などを記入していました。雰囲気や感じたこ

とを、ノート1ページ15分程度で埋まるペースで書かれていると話してくださいました。

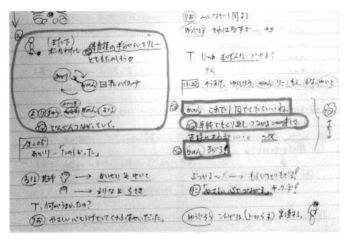

写真 参観時の記録 教師C

また机の配置や教室環境をメモしている人もいます。大事なことは見返して振り返ることにあります。

学生や院生の研究などでは、各小グループの話し合いを捉えたいという場合もありますし、つぶさに記録を取るにはビデオカメラで撮影をするということもあります。それは子どもたちのつぶやきは傍らでも聴き取りにくいからですし、近づきすぎれば子どもの学びの妨げになることも生じます。デジタル機材は一次的な情報を正確に保存し、後での再生も容易です。

授業の逐語記録をすぐに文字記録にするアプリもいろいろ出ています。また授業分析動画システムなどで、すべてのグループや子どもの動きを解析できる仕組みも生まれています。たとえば次のように動画撮影と共に文字起こしや発話数の分析ができるアプリもあります。

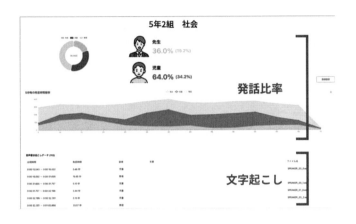

　研究目的に応じて適切に利用することが必要です。記録システムや道具を使えばより多くの情報を集めることはできます。しかしながら、それによって授業のことが解像度を上げてよりよく見えたり理解できたり、授業を研究・探究できるようになることは同じではありません。自らの見方やまなざしの限界を自覚しつつも目的に沿って、緻密に観ることが、授業を探究するうえでは大事なことになります。これは、記録をした後、研究などで分析を行うに際して、量的な分析法を採る場合でも質的分析の方法をとる場合でも大事なこととなります（秋田・藤江, 2007）。

　また外部者がデジタル機器で記録をする際には、学校やその授業者の同意をあらかじめ得て参観することが必要です。ICレコーダーやタブレット等を各グループに置かせてもらって記録する場合もあります。学校や児童生徒、教師の個人情報の保護のための守秘は研究を行う上で必須です。各大学や学会等が定めている倫理綱領や倫理ガイドラインを学び、決められた手順で同意を得ること、他にその記録が流出しないよう得られたデータを厳重に保管することが倫理的に研究を行うものにとって大事になります（秋田・藤江, 2019）。

授業を参観するための まなざし

新たな時代の授業構造を観る視点

　これまで述べたように、授業の場を観ることの目的は、その人の立場や目的によって様々です。授業の場は、授業の内容に関して教材や道具を介して子どもたちと授業者が織りなす営みです。授業者も子どもたちもありのままの日常の姿を参観者に対して開いてくれるからこそ、参観者はその開いてくれることに感謝の気持ちを持ち、複雑な関係の網の目の中で織りなす学びの姿を見とり、それを対話や研究として何を観たかをフィードバックすることが参観者の応答責任であると考えられます。

　①授業時間の展開の流れの中で、いつどの場面で（**展開構造**）、②だれがどのように何に関わっているのか（**参加構造**）（→第Ⅱ部1章1参照）、③そこでどのような言葉や動きが生まれて誰の学びが深まっていったのか、どのような学習内容や課題、教材なのか、そこに新たな気づきや思考がどのように生まれているのか（**課題構造**）を捉えること、これら3構造の絡み合いの中で授業における学びは生まれます（→第Ⅱ部参照）。

　さらに昨今ではデジタル学習基盤の充実発展や多様な子どもの学びに応じた個別最適な学びの在り方等の議論がなされています。学校での授業や学びの在り方も大きく変化してきており、それを捉える視点もその

変化にあわせて今後も変化していくとも考えられます。

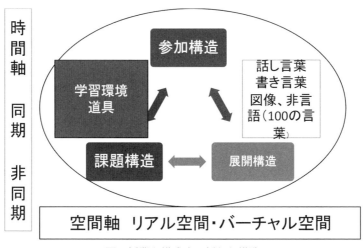

図　授業を構成する新たな構造

　第Ⅱ部で詳しく述べますが、授業を構造的に観る時には、参加構造、課題構造、展開構造の３つの構造の関係をマクロに捉え、その中でそれぞれの学びのプロセスをミクロにみることになります。一斉授業であれば、教師が話すか一人の発言者が話す参加構造でしたが、ペアや協働学習などが、授業の展開構造によって分節化され組み立てられています。その課題も、一人ひとりで異なる場合もあればグループや学級全体が１つの場合もあります。

　そしてそこで子どもと教師はどのようにやりとりをするのかといえば、話し言葉を中心に考えられてきました。しかし書き言葉もあれば、記号や図像などの表現で、また非言語的な行動も介しての対話もあります。タブレット等で自分で写真を撮って表現をするなど、多様な表現手段もあります。レッジョ・エミリアでは、文字優位の学びに対して、子どもの100の言葉として言語以外の多様な表現を子どもの表現として捉

える必要性を指摘しています。デジタル機器はこうした多様な表現手段を可能にしていると言えます（エドワース，2001）。また、授業の展開構造も一斉に展開していく授業だけではなく、単元内自由進度学習のように、各自や各グループでの学びのペースが異なる展開も生まれています。

　授業の大きな変化として、一人一台端末のタブレットが学校に普及するようになったことで、リアルな空間と同時にオンライン上のバーチャル空間が生まれています。実物でやりとりされる対面共有空間と、クラウドを用いてバーチャル空間で情報をやり取りすることもできるようになっています。またさらには、オンラインによって遠隔からの授業参加もできるようになっています。教室に来ることができない子どもも、リアルな教室での授業にオンラインで参加してのやりとりもなされるような学びの空間ができ、教室空間から学習空間が拡張されるようになりました。3つの構造が、どのようなリアルとバーチャルな空間で、どのような学びの道具を用いて行われているのかという学習環境のデザインを観ることが大事になります。ICT が入った時に、生徒が ICT とどのように関わっていることで、いかなるつながりやコミュニケーションがおこっているのかを授業の中で観てみることが、授業での ICT 場面を見る時に大切になります。宮島（2024）の図を見てください。モデル①では個々の子どもが各自の端末に向かっています。オンライン空間は物理的にはつながっています。しかし、相互に対話がない状況です。相互に書いたものをネット上で共有するなどされていない場合は、ただ接続でつながっているだけというみせかけだけのつながりになります。モデル②では、対面空間では協働をして対話をしていますが、ICT 端末上ではそれぞれに自分の学習を個別に行っているという状況です。

　モデル③は子どももつながり、ネット上の空間でもつながっていることで、これまでの対面でのコミュニケーションよりも多様な人との多様

16　第 I 部 ● 授業を研究することへの誘い

な形態でのコミュニケーションも可能となっている関係です。教室にICT端末が導入されることによって、授業の中のどのような対話がリアル空間だけではなく、オンライン上の空間でもなされているのか、これまでとはどのように違ったコミュニケーションが行われているのかという視点も、これからの授業を観る1つの視点になっていくと思います。

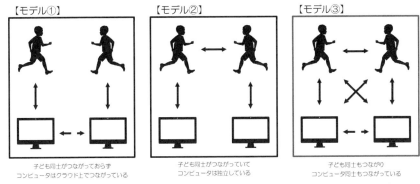

図　リアル・バーチャル空間での子どものICTとの関わり（宮島，2024）

　これは、実はICTと子どもとのかかわりを観る際にもさらに必要な視点となります。ボタンを操作しているので活動をしているように見えますが、考えることのない作業だけに終って自己内対話がおこなわれなくなっている場合もあります。どのように考えながら操作しているのかを捉えていくことが、道具の操作を観る際の視点として求められるでしょう。

　「ICTを、教師が教材の提示の道具として使用しているのか」、「子どもたちの学びの表現や学習過程を対話し記録するものとして使用しているのか」、「動画などのデジタルコンテンツの視聴に使用しているのか」、「学校外の他者とのつながりのために利用しているのか」など、機能とつながりという視点からみることで同じ道具でもその利用によって異な

ることを意識してみていくことができます。また一人一台タブレットを
有していても2人で、4人での使用などもあります。それによって共同
注視の成立の仕方が変わっていきます。

　またここでは同期型の授業を取り上げていますが、オンデマンドで動
画を事前、事後に見る、課題を行うなどでは参加者が非同期型の授業空
間となります。授業で自由進度学習等でそれぞれが学びのペースも空間
も異なる場合も、非同期型の授業ということができます。授業の中での
学びの方法や道具、場が多様になることで、授業を観る視点も変わって
いくと考えられます（→第Ⅱ部第5章参照）。

学びの物語として個々の学習者の出来事を観る

　石井（2023）は、授業を見る時には、実際には子どもや教師のことを
外側から見ますが、内側からのまなざしで見る、心の目で心の内側から
見ることの大切さを述べています。心の中など見えるわけはないのです
が、「学びのかけら」と石井が呼ぶように、つまずきやわからなさの中
に学びを深める「学びのかけら」を見つけること、そしてその子どもが
どのように見ているかを観ていくことです。

　授業を観る時に、集団をそのまま捉えるのではなく、個々の相違や卓
越性を捉えること、学力の高い子・低い子、特定の特性のある子などの
ラベルや固定的な見方でなく、それぞれの子どもが、学習材とどのよう
に出会って、どのように他者と対話し、どのように変容していっている
のかを丁寧に見ることが大切です。それを、子どもの学びの出来事を観
るまなざしということができます。ただし、それがよく見える授業とそ
うでない授業があります。それは課題の内容が単純であり正解かどうか
しか見えない課題ではなく、多様な解決や試行錯誤の過程が生まれる課

題かどうかという学習課題の質にもよります。

　保育では「ラーニング・ストーリー」という事例記録の方法があります。「何に興味関心を持ち、何にこだわり夢中になっているのか、その子の挑戦は何か、それをどのように表出しているのか、他者との関係の中でその子はどのように役割を果たしているのか」を観るということです。年齢や学校種によらず、個を大事にする教育観をもって、授業を観る時には、できたかどうかなどの二項対立的ではなく、複雑なものの複雑さを受け入れてみるということが理解を深めることにつながります。

活動システムとして授業を支えているものやことを捉える

　1回1回の授業が図であるとしたら、それを支える地になり、当たり前だから見えにくい部分も、授業の成立の枠組みを意識することで見えてくることもあります。

1）授業の中でみる主体性

　学習指導要領の中で「主体的・対話的で深い学び」がいわれてもそこでの「主体的」の在り方は学校や教師によって様々です。また参観者にとってあたりまえになっていることは見えないものです。授業は、それぞれ固有の教育活動のシステムとして成り立っています。その時に教師と生徒、あるいは生徒同士での授業での活動の取り組みにおいて、その権限の分担がどのようになされているのか、そしてそれに具体的にどれだけ参加して自分事として深く関与しているのかを捉えることが大事になります。子どもが自己選択ができるということは主体的に取り組むことにつながります。教師主体か子ども中心かなどの単純な二項対立図式や価値ではなく、授業のシステムの中で何がどこまで子どもが自己選択、

2　授業を参観するためのまなざし　19

自己決定、自己表現や評価を行っているのかという点、目前の授業とその可能性を捉えなおすこともできるでしょう。

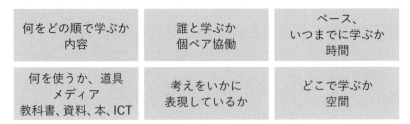

図　主体性を決める自己選択の要素

エンゲストローム（2020，2022）は活動システムという考え方を示しています。その考えを用いて教育活動や授業を捉えると、次の図のような形で見ることができます。

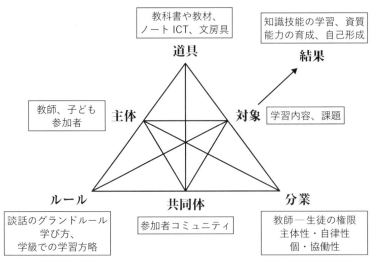

図　教育活動のシステム（エンゲストローム，2020に著者が加筆）

三角形に記された7つの要素は相互に関連し合っています。そして分

業として誰が教え誰が学ぶのか、誰が語ったり説明し、誰が聞くのかなどの在り方は子どもの参画に影響します。またどれぐらいの時間が考えたりするのに必要かを教師が決めるのか、生徒が判断するのかなども関わってきます。つまりこの図で示したことそれぞれと、その分業は関わっています。そしてそれが学習を教室で行う時の暗黙のルール（規範）とも関わってきます。どのような授業観や教育観を持っているかによって違っているということができます。つまり主体性のような大きな概念（Big word）は授業の中ではそれがどのように成立しているのかを要素やそのシステムから具体的にみてみることができるといえます。学習環境が大事といわれる時に、いろいろな教室での学びの履歴を ICT で示したり、いつでも手掛かりとして見えるようにしている教室も数多くあります。その貼られた紙がどのように子どもの学びの過程に手掛かりとして働いているのかをみてみることが大事になります。

　次の左の写真は、それまでの毎時間の授業の流れが教室の横に順次貼られていました。本時の課題を説明している時に児童が自ら前時の授業の板書の写真の所に行って、自分の考えを前の授業と関連付けて話し始めた場面です。また右の写真も前時まで学んだことをと子ども自身が説明のための手掛かりとして掲示を使っている場面です。

写真　環境としての掲示を学びの手がかりとして使う子どもたち

学習環境や学びの履歴の掲示なども、それが掲示してあるだけなのと、子どもがその環境に埋め込まれた資料を自らの学びの手掛かりとして有効に使っているのかでは、質に違いがあることがわかります。またその掲示の中に生徒の考え方が見えるようになっている物もあります。次の写真の掲示内では、誰がどのように考えたか、解決法がわかるように生徒の固有名と共に赤字で記されています。

写真　学級内での子どもの考え方の違いを示した掲示

　子どもたちの学びのリソースとなる教科書やノート、様々な資料や環境掲示でもそこに子どもはどのように関わっているのか、教師が何を大事にしているのか見ることができます。

　次の写真は小学校1年生での活動がどのようにつながっていったのかを、教師も生徒も学ぶつながりができているようにしているもので、カリキュラムを見える化したものです。子どもたちの学びの足跡を共有することをこの先生が大事にしていることが、その教室の文化や授業の在

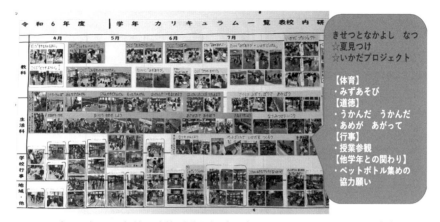

写真 １年間の合科関連的活動を経験写真で示したカリキュラム一覧表

り方と共に見ることができます。

2）型ではなく流れの中での相互作用を捉える

　一斉授業を長く経験してきた人は、たとえば、協働的な学びをペアや小グループで行っているときにどのようにみたら良いのかがわからず、その見方を学んだことがないという話を前に聞いたことがあります。型で何かをしていると見るのではなく、どのような相互作用が子ども同士や子どもと教師、子どもと課題、子どもと道具などの中で生じているのかという形で観ることで、そのグループでの学習の差異や共通性を捉えられます。協働学習を授業者が捉え関与するときの過程として以上のようなことがどのように行われているかを観ることができます。そこに教師の工夫や子ども間の関係を観ることができます。

　ではどんな視点で観ることが理解を深めるのかを、第Ⅱ部では具体的にある概念を通してみていくことにしたいと思います。

参考文献

秋田喜代美・藤江康彦（2007）『はじめての質的研究法：教育・学習編』東京図書

秋田喜代美・藤江康彦（2019）『これからの質的研究法—15 の事例にみる学校教育実践研究』東京図書

秋田喜代美・藤江康彦（2010）『授業研究と学習過程』放送大学出版会

石井順治（2023）『「学び合う学び」を生きる』ぎょうせい

ユーリア・エンゲストローム 著，山住勝広 訳（2020）『拡張による学習 完訳増補版—発達研究への活動理論からのアプローチ』新曜社

C. エドワーズ 編，佐藤学 訳（2001）『子どもたちの 100 の言葉—レッジョ・エミリアの幼児教育』世織書房

マーガレット・カー，ウェンディ・リー著，大宮勇雄 監訳（2020）『学び手はいかにアイデンティティを構築していくか—保幼小におけるアセスメント実践「学びの物語」』ひとなる書房

宮島衣瑛（2024）「デジタル・テクノロジーがもたらす学びの可能性」https://speakerdeck.com/kiriem/myvision2024．学校創り架け橋の会講演資料

【第Ⅰ部　書籍紹介】

①石井順二（著）（2023）『「学び合う学び」を生きる"まなざし"と"内省的実践"がつくる授業』ぎょうせい
　授業や子どもの学びが「見える」教師になるためのまなざしとして子どもが見える、学習材（題材、テキスト）が見える、子どもの学びが見えるということを具体的実践に基づき述べています。授業者、指導主事、管理職、外部助言者として生涯学校に関わり続けてきた専門家の卓越の書と言えます。

②斎藤喜博（著）（2006）『授業入門』国土社
　時代は変わっても、授業づくりとは何か、日本の教師が担ってきた授業づくりの大切な視点がわかる本です。

③稲垣忠彦・佐藤学（著）（1996）『授業研究入門』岩波書店
　量的な自然科学的な授業の研究に対して、子どもを真ん中に据えて「教える場所」から「学び合う場所」への変革を唱える授業研究の名著です。

第 II 部

授業で何を見るのか

第 1 章　話し言葉の質

第 2 章　書き言葉の質

第 3 章　教室空間と場

第 4 章　時間系列での学びの変容
　　　　　〜個と集団の発言や言葉を考えていく〜

第 5 章　学びを仲立ちするメディア

第1章

話し言葉の質

1 発話のつながり
2 話し方の特徴に見る学びの質の違い
3 沈黙と間(つぶやき、沈黙、間、待つ時間)
4 わからなさから生まれる互恵的な学び
5 聴くこと
6 子どもが探究する問い
7 非言語

第1章 **1**

発話のつながり

◀◀◀

教師の問いかけ

　授業は言葉によるコミュニケーションによって進んでいきます。こうした言葉は、なんのつながりもなく発せられることもありますが、ほとんどは他者の言葉とつながってなされています。そうしたつながりには、いくつか特徴的なものがあります。単純なのは教師の問いかけに子どもが応じる、というやりとりでしょう。授業において、教師は実に様々な問いを子どもに投げかけます。それに子どもが応じることによって、授業は展開していきます。

　こうした教師の問いかけから生まれるつながりには、教室特有のつながりがあることが示されてきました。それが、「IRE 連鎖」と呼ばれるものです。以下はとある中学校における英語の授業でのやりとりです。

---

101 先生：I've ってなに？

102 生徒：I と have

103 先生：いいね、I と have が一緒になって I've やね

104 先生：じゃあこれってどういう意味やった？

---

1 発話のつながり　29

ここでは教師による開始の質問（Initiation）、それに対する生徒の応答（Response/Reply）、そして生徒の応答に対する教師による評価（Evaluation）、さらに、次の質問が続いています（101＝I, 102＝R, 103＝E, 104＝I）。こうした質問、応答、評価の3つの組み合わせから構成されているやりとりをIRE連鎖といいます。

この事例における教師の問いかけ（101, 104）は「正解」が1つに決まっている（あるいは教師が1つの「正解」を想定している）問いかけです。そして、その「正解」を教師はすでに知って（想定して）いて、子どもはその「正解」を答えることが求められています。そして、子どもによる応答が「正解かどうか」（想定したものと一致しているか）を教師は評価しています。

こうしたやりとりによって、教師はその都度、子どもの理解度や学習状況を把握し、授業の展開を自分のペースでコントロールすることができます。一方、ここで子どもが語っているのはあくまで教師の問いに対する回答であって、自分自身の考えではありません。また、子どもの発言は常に評価の対象となっています（教室によっては「私の考えどうですか？」「いいです」「違います」と、子どもが評価を担っていることもあります）。そのため、評価を求める子はより積極的に発言し、評価を避ける子はより発言に対して消極的になっていくと言われています（Cazden, 2001）。

一方、同じ授業の続く場面では次のようなやりとりが見られました。

201 先生：ちょっと会話文に変えよか。（ネイティブの）メグがやってきて「私もう宿題終わった、あなたは？」ってなんて言う？
202 生徒：I've…

203 生徒：I have finished…
204 先生：うん、I have finished my homework.　あなた終わった？
205 生徒：Have you finished your homework?
206 先生：うんそやな、海斗はそれに難しいって答えてる。それにメグなんて応えよ？
207 生徒：Oh my god!
208 生徒：I can't wait.
209 生徒：It's easy for me.
210 生徒：性格悪いな（教室に笑いが起きる）

　ここでは過去完了形を用いた文を「会話文に変え」、実際のやりとりのようにしてみるという活動がなされています。IRE 連鎖を視点にここでのやりとりを見てみると、教師による質問（201）、質問に対する生徒の応答（202, 203）、応答に対する評価（204）、さらに質問（204）、応答（204）、評価（205）とつながっていくことが見えてきます。ところが、続く教師の質問（206）からのやりとりは IRE 連鎖とは異なる展開を見せています。教師は英語の宿題が難しくて終わっていない海斗に向けて

「それにメグなんて応えよ?」と問いかけました。この問いは教科書にはなく、「会話文に変え」るために教師が独自に投げかけたもので、いわば1つの「正解」があるわけではない、多様な答えが可能な問いかけです。そのためか、生徒から様々な「メグの応答」が出されています(207, 208, 209)。

興味深いのはこの生徒の応答に対し、別の生徒が「性格悪いな」とつぶやいて応じているところです(210)。「性格悪いな」というつぶやきは、その直前になされた「It's easy for me.(私にとっては簡単だ)」という応答に対してなされていました。すなわち、生徒の応答に対してさらに生徒が応答するというやりとりが生じています。そして、ここには海斗とメグのやりとりがやりとりとして適切であるかどうか以上の意味を生徒が読み取っていることがうかがえます。すなわち、英語の宿題が難しいという日本人の海斗に対して、「私にとっては簡単だ」とネイティブであるメグがあえて言うことは、実際にそのやりとりを想像すると「性格悪いな」とこの生徒は感じ取ったのだと思われます。そうしたリアルな場面を想起した時の面白さが共有され、IRE連鎖とは異なるやりとりが生まれ、笑いが教室に起きています。

このように、なにげない形式的なやりとりに思える場面でも、IRE連鎖に着目することで、授業の中でのやりとりの特徴を捉えることができます(平本・五十嵐, 2022)。

教師による応答

子どもの発言に対し、教師がどう応答するかによっても展開が異なっていきます。次のページの表は、話し合いを通して理解を深めていく際の、教師の応答のあり方を整理したものです。子どもの発言を受けて教

生産的な会話とメタ的なコミュニケーションの働き掛けの記述と例(van der Veen, et.al. 2017 より)

教師の言葉掛けの働き		概要	例
1	共有する、広げる、明らかにする	子どもに自分の考えや発言をクラスと共有したり、クラスに広めたり、明らかにしたりする	「それについてちょっとみんなで考えてみよう」
1.1	考える時間	子どもにしばらく考えるよう言葉で促す	「盾について、もうちょっと言える?」
1.2	付け加え	子どもに自分の考えについて付け加えるよう促す、考えを明確にするよう背中を押す	
1.3	リヴォイシング	確認したり、広げたり、最初の発言を位置付けたり、賛成したり反対したり、付け加えたり交換したりなどするための場をつくるために、子どもの発言(の一部)を言い換えたり言い直したりする	「つまり、彼の盾の、赤いところのことを言ってるの?」
2	聴き合う	子どもたちに聴き合うよう促す	
2.1	繰り返す又は言い換える	子どもたちが聴き合い、他者の考えを真摯に受け止めるのを奨励するために、他の子の発言を繰り返し言い換えるよう言い換えるように促す	「今夕ナが言ったことをだれか言える?」
3	推理する	根拠を尋ね、推論を深めるよう刺激する	
3.1	なぜを問う	推論するよう子どもの背中を押す、また子どもの考えの背後にある論理的根拠を思いつくよう尋ねる	「なんでてんとう虫には盾が必要だと思う?」
3.2	課題や反例	最初の考えの反例や課題を見つけるよう促す	「いつもそんなふうにいくのかな?」
4	一緒に考える	他者と考え、互いの考えに基づいて進めるよう促す	
4.1	賛成又は反対	ある子の考えについて賛成か反対かを示すよう他の子に促す	「ジュリー、サラの考えに賛成?どうして?」
4.2	付け足す	ある子の考えを付け足したり応答したりするよう他の子に促す	「誰かてんとう虫のシールドについてサポートできたことに付け足せる?」
4.3	別の人に説明する	誰かが言ったことがどういうことかを説明するよう求める	「ドゥーへが言おうとしたこと、誰か説明できる?」
5	メタ・コミュニケーション	子どもに、コミュニケーションにおける自分の振る舞いや話したメッセージのわかりやすさについて振り返るよう促す	
5.1	メタ認知へのガイド	わからないことを明確に示し、子どもに言い直すよう促す	「どうゆうことがわからないなあ」
5.2	会話のグラウンド・ルール	集団に適用している会話のグラウンド・ルールをはっきりと指し示し、新しいルールについて検討し、コミュニケーションにおける自分の振る舞いを振り返るように促す	「どうして聴き合うことが大事なの?」「こんなだ決めたルールはなんだっけ?」

師が応答することで、発言した子どもや周りの子どもにさらなる説明を
する機会がつくられていることがうかがえます。そうした中で言葉がつ
ながり、理解が深まっていくことが予想されます。

　こうした教師による応答は、基本的に教師の聴く（訊く）ことに基づ
いていると言えるでしょう（→第Ⅱ部第1章5参照）。そこには、子ど
もの発言を受けてわかったつもりにならず、さらに理解したい、知りた
いという教師の構えがうかがえます。

誰が、何を、どのように発言するか

　これまで述べてきたようなIRE連鎖や教師の応答によって、授業は
異なる展開を見せることになります。このとき、誰が、何を、どのよう
に発言するかも異なることがうかがえます。こうした「誰が、いつ、何
を、どのように発言することができるのか」をめぐって話すこと聴くこ
との権利を手に入れたり義務を負ったりというような、活動を構成する
参加者の役割は参加構造と呼ばれます（藤江，2010）。

　たとえば冒頭の事例では、教師の求める正解を、それを知っている生
徒が、教師の問いかけに応答することができる構造になっているのに対
し、次の事例の後半では教師の問いかけに、自分なりに考えを持ってい
る生徒が、自由に発言することができています。このように、教師によ
る問いかけや応答によって参加構造は変化します。

　もう1つ、参加構造を形成するときに重要なのは、どのようなやりと
りを求めて場を設定するかということです。たとえば、授業では「じゃ
あ、この問題わかった人？」「できた人？」と教師が挙手を求める場面
がよく見られます。ここでは「わかった」「できた」子が発言すること
ができ、「わかった」「できた」ことを発表するという参加構造が形成さ

れています。一方このやりとりの中では「わからない」「できない」子は発言する権利を得ることができません。

　このことはペアや小グループでのやりとりでも同様です。「グループで（事前に考えた）自分の考えをお話ししてください」という先生の言葉がけで始まるグループのやりとりでは、事前に考えた自分の考えを順に発表していくことが求められる参加構造が形成されます。一方、次の写真はある中学校の社会科の一場面ですが、グループになって問題を解いていくにあたって、先生が「わからない人はわからないと言ってね。一人も独りにしない、ぽつんとしないよう。わからないことがあったらみんなで協力して全力でやるよ」と声をかけていました。

　すると、それぞれが問題を解きながらも、わからないことがあると「これってどこ？」「それは…」とわからないことを尋ねる生徒と、それに応じる生徒のやりとりが自然と生まれていました。すなわち、この教室ではグループが自分の考えを発表する場ではなく、わからなかったり困ったりしたら相談できる場所として設定されていると言えます。このように、グループの設定の仕方にも、参加構造を見とることができ、そ

れによって生じるやりとりや経験する学びは異なると言えます。

参考文献

Cazden, C. B. (2001). Classroom Discourse (2nd Ed.). Portsmouth, NH: Heinemann.

藤江康彦. (2010). 民主的な対話空間づくり―多声的対話空間と参加構造. 秋田喜代美 (編),『教師の言葉とコミュニケーション』(pp. 60-63). 教育開発研究所

平本毅・五十嵐素子 (2022) 授業会話を作り出す：「ガヤ」のコントロール　五十嵐素子・平本毅・森一平・團康晃・齊藤和貴編『学びをみとる：エスノメソドロジー・会話分析による授業の分析』新曜社

van der Veen, C., de Mey, L., van Kruistum, C. & van Oers, B. (2017) The effect of productive classroom talk and metacommunication on young children's oral communicative competence and subject matter knowledge: An intervention study in early childhood education. *Learning and Instruction*, 48, 14-22. https://doi.org/10.1016/j.learninstruc.2016.06.001

話し方の特徴に見る学びの質の違い

たどたどしい語り

　プリントに印刷された島崎藤村の『初恋』を差しながら、男の子（A）がたどたどしく語り始めました。その声に耳を傾けながら、周りの子たち（B, C）も言葉をつなごうと、男の子の言葉を繰り返していきます。
A「りんごの、木の、もと、下に、見えるんや、初恋の人が、りんごの木の下に…」
B「だから、木の…」
A「下に…」

B「立ってるんやろ？」
A「そう、立ってるんや！」

　ときどき詰まりながら、思い描いたその詩の情景を懸命に言葉にしようと、それぞれの子どもたちが言葉をつないでいきます。こうして、彼らは探りながら、補い合いながら、詩の情景を読んでいきました。
　ここでは、あらかじめ持っていた詩についての自分の解釈をそれぞれが述べているのではありません。やりとりしながら、まさにやりとりを通して自分の、自分たちの解釈を創り上げていっているのです。そのことが、たどたどしい語りや、疑問の形で終わっている話し方の特徴からうかがうことができます。
　こうした特徴的なやりとりを、Barnes（1992）は「探索的な会話（exploratory talk）」と呼びました。それはあまり明確ではない考えなど、形成途上の考えを試してみることを促すやりとりだと言います。そのため、「探索的な会話」においては、完結した考えではなく、「不完全な（half-baked）」考えが語られたり、新たな考えや意味に向けた手探りがなされたりするとBarnesは述べています。そして、そのように考えを

試したり、話しながらその考えを修正したりする際には、話し方はためらいがちで（hesitant）、ばらばらだったり（broken）、行き詰まったり、方向性が変化したりすると述べています。さらには「〜だろう」「おそらく〜じゃないか」のように仮説的な表現もよく使われると Barnes は指摘しています。上記の写真の場面での子どもたちのやりとりは、まさに考えを試したり、修正したりしていると言えます。

　こうした「探索的な会話」は、わからないことや、自信がないことが語られるときにもよく見られます（→第Ⅱ部第１章４参照）。さらには、ある子が「〜じゃないかな？」というと、また別の子が「〜かもしれない」と応じ、「え〜みんなどう思う？　ちょっとおとなりさんと話し合ってみて」と先生がつなぐことで、イメージが広がり、理解が深まっていく場面があります。

明瞭な語り

　一方、授業では、異なる話し方の特徴を持ったやりとりにも出会うことがあります。次の写真の場面では、道徳の授業において、それぞれに考えを述べることからやりとりが始まっていきました。

「おれは監督には黙っておく」

「私も監督には言わない」

「俺も言わない。勝ちたいなら言うけど、一緒に走りたいなら監督には黙っておく」

「自分だったら一緒に走る。友情を大切にしたい」

　それぞれが自分の考えを言い終えると、一人の子が画用紙にそれらの意見をまとめ「結論　班全員言わない」と画用紙に書いていきました。

　このように、このグループでの話し合いにおいては、その前に各自が

考えた内容を、順に発表していくことでやりとりが進んでいきました。そこでは、言い淀みやたどたどしさはなく、はっきりとした話し方で子どもたちが自分の考えを語っていました。

　こうした特徴のやりとりを、先のBarnes（1992）は「発表的な会話（presentational talk）」と呼びました。そして、「発表的な会話」は考えの提示や、評価に対する「最終稿（final draft）」を提供するやりとりだと述べています。さらに、「発表的な会話」において話し手には、正しく理解すること、「正しい答え」、そして期待される情報や適切な話し方を提供することに焦点を当てることが求められているとし、その話し方は「よく形成され磨かれ」たものになると述べています。

　続く全体での交流場面でも、こうした「発表的な会話」が見られました。グループでそれぞれの考えを整理した後、各グループから順に整理した内容を発表していく時間が取られていました。ここで発表の宛先は教師ではなく子どもたちですが、やはり「最終稿」として提示され、それらを共有する形でやりとりが進んでいきました。

話し方と目指す学び

　上述のように子どもたちがどのように話し合っているか、その話し方の特徴に着目することで、子どもの学びの質の違いが見えてきます。ただし、注意が必要なのは、どちらのやりとりが優れていて、どちらかが劣っているということではないということです。Barnes自身も「探索的な会話」と「発表的な会話」の双方が重要であり、2つを適切に用いることが教師には求められると指摘しています。

　一方で、従来、論理的で明確な話し方が重要とされ、そうした話し方の話型を示したり、練習するといった指導がなされてきました。これらは「発表的な会話」につながるものであると思います。その反面、たどたどしい語りは話す力が未熟であるとみなされてきたのではないでしょうか。もちろん、「発表的な会話」のような話し方を身につけることは他者に自分の考えを伝えるときには必要ですし、そこから聴き手も自分とは異なる点に気づくなどの学びがあるでしょう。しかし、他者とともに考え、理解を深めていくためには「発表的な会話」だけでは難しく、「探索的な会話」が必要になってきます。こうしたときに、たどたどしい子

どもの語りを単に拙い話し方として捉えるのではなく、今まさに考えている証として見ることで、子どもたちの学びの可能性は広がっていくのではないでしょうか。

ICT の使い方に見る話し方の違い

　こうした話し方の特徴における違いは、ICT を活用した場面でも見ることができます。次の写真では左側の子どもが自分のタブレットの画面を向かい側の子どもたちに見えるように向け、自分の考えた内容を明瞭な話し方で伝えています。一方、その次の写真では1人のタブレット

の画面を共有し、そこに示された図を指差しながら操作し、たどたどしいながらも一緒に考えています。前者は「発表的な会話」の中でタブレットが用いられているのに対し、後者は「探索的な会話」の中でタブレットが用いられていることが話し方やタブレットの使い方から見とることができます。

　このように、子どもたちの話し方に着目することは、そこで起きている学びを見取る際の手がかりになると言えます。

参考文献

Barnes, D.（1992）*From Communication to Curriculum*（2nd Ed.）. Harmondsworth: Penguin.

第1章 3

沈黙と間
（つぶやき、沈黙、間、待つ時間）

教室における沈黙

　教室がふいに静かになり、沈黙が訪れる時があります。その沈黙にはどのような意味があるのでしょうか。

　たとえば、課題が提示され、子どもたちが問題に取り組み始めた場面で沈黙が訪れることがあります。このときの沈黙は、子どもたちが問題に取り組み、考えていることを示していると言えます。やがて、「できた！」「わかった！」とつぶやきが聞こえてくると、そうして声を出す子の近くに、まだ沈黙している子どももいることがあります。その子の

沈黙は、まだ考えている最中であることを意味しているかもしれませんし、もしかしたらわからなくて困っていることを意味しているかもしれません。

　また、別の場面では教師の問いかけに対して沈黙が生じることもあるでしょう。この沈黙は、先述のように問いかけに対して考えていることを示しているかもしれません。あるいは、教師の問いかけの意味が伝わっておらず、どうしたらよいか困っていることを意味しているかもしれません。後者の場合、沈黙や表情からもそのことを見て取ることができるでしょう。そうした場合、教師は沈黙を新たな問いかけで補おうとすることがあると指摘されています。このとき、沈黙はどちらかというと望ましくないものとして教師には捉えられていると言えます。

待つこと

　こうした沈黙や間についての研究知見を概観した Rowe（1986）は、教師の発問後に子どもが応じるまでの時間や、子どもの発言後に教師が応じるまでの時間が数秒長くなるだけで、子どもの発言が長くなり、証拠に基づいた発言や、論理的な推論が増えたり、子どもの質問や子ども間でのやりとりが増えたり、単純な「わかりません」といった応答が減ったりすることを指摘しています。また、教師側にも変化が生じることを示しています。例えば、子どもの発言に対する応答が柔軟になり、質問が減り、明確化や精緻化、反対意見を求めるといった、より質の高い質問になることが示されています（Rowe, 1986）。たとえば、次の写真では先生の問いかけに右側の子がすぐには答えることができずにいました。しかし、先生も向かいの子も 5 秒ほど待っていると、やがて男の子が「えっと、僕は…」と自分の考えを語り始めていました。沈黙を言葉

3　沈黙と間（つぶやき、沈黙、間、待つ時間）　　45

で埋めるのではなく、待つことによって、彼自身が考える時間が保障されていると言えるでしょう。すなわち、周りにとっての「待つ時間」は、子どもにとって「考える」時間だと言えます。沈黙を待つことによって、子どもの考えが言葉になるのだと言えます。

課題と沈黙の関係

　もちろん、ただ子どもの考えが出てくるまで待てばよいというわけではありません。状況によっては早めに支援を行う必要もあるでしょう。また、どのような課題に取り組んでいるのかによっても、必要な考える時間としての沈黙の長さは異なってくると言えます。たとえば、前時の復習のような、誰もが答えられるような答えが決まっている課題であれば、それほど考える時間は必要ないかもしれませんし、むしろそのようなときにすぐに応答が返ってこないで沈黙が訪れることは、前時の理解が不十分だったなど、別の問題を意味していることになるかもしれません。

　一方、答えが多様であったり、1つに決まらないような課題の場合、

あるいは難しい挑戦的な課題の場合であれば、考えるために必要な時間も長くなるでしょう。重要なのは、どのような課題に対して、どれだけの考える時間が保障されているのか、適切な時間が子どもに保障されているかどうかだと言えます。次の写真は中学 2 年生の国語で、『走れメロス』を読む授業の一場面です。この授業では、生徒から出された「セ

3 沈黙と間（つぶやき、沈黙、間、待つ時間）

リヌンティウスはどこでメロスを裏切ったのか？」について考える時間が取られていました。読み手によって捉え方が変わり、1つに答えが決まらないような課題です。この課題について、生徒たちは約30分にわたって、黙々と『走れメロス』を読んでいました。時折「ここじゃね？」とテキストの該当箇所をグループの子に確認し、それに基づき読み直しているといったやりとりはあるものの、ほとんどの時間を生徒たちは読むことに費やしていました。

　この間、授業者の先生もほとんど声をかけることはなく、子どもたちが読んでいる様子を見守っていました。こうした姿が見られた背景には、容易に答えが出ないでテキストを通して読み直すことが求められる課題と、その課題を検討するのに十分な時間（あわせて、困った時や気付いた時にすぐに共有できるグループという空間も→第Ⅱ部第3章1参照）が与えられていることが挙げられるでしょう。

グループにおける沈黙

　上記の例は、グループにおける沈黙の意味も多様であることを示しています。ペアやグループというと、どうしても活発に話し合う姿を期待してしまうかもしれません。しかし、子どもたちが考えるときには、必ずしも発言しているとは限らず、沈黙にも意味があることがうかがえます。もちろん、課題に向き合えていなかったり、援助が必要なのに得られていないといった場合には、教師が支援に入る必要があるでしょう（一柳, 2022）。例えば次の写真は、グループで子どもたちが考えている際に、教師（左端）が声をかけた場面です。このとき、どのようなことを見て考えていたのかを授業後にうかがうと、教師は「Aさん（左手前）がやっぱり、すごくやっぱり理解の遅い子なんですよね。…（中略）…Aさ

3　沈黙と間（つぶやき、沈黙、間、待つ時間）　　49

んここにいて、この3人でこの図で説明しているんですよね。…（中略）…まずAさんも聴いてごらんって言ったんだけど、この子ちょっと、聴ける感じじゃないなと思ったので、逆にこっちの人たちに、あの、Aさんも話にいれてあげてねっていうことで、あの、Aさんにも見えるようにしてやってほしいと言った」と教えてくれました。ここから、教師がAさんがやりとりに参加できていないこと、他の3人でやりとりが進んでいることを見取っていることがうかがえます。そうした状況を踏まえ、声をかけていると言えます（→第Ⅱ部第4章1「小グループでの議論と全体での共有」参照）。

　一方で、先の国語の事例のように、発言をしていなくても考えている子どもの姿があります。グループにおける沈黙の意味をとらえ、必要に応じた支援（見守る、声をかける）をすることが求められると言えます。

参考文献
一柳智紀（2022）グループでの学習時における教師の即興的思考の特徴：授業後の半構造化面接における語りの質的分析．質的心理学研究，22, 123-144
Rowe, M.B. 1986 Wait time: Slowing down may be a way of speeding up! Journal of Teacher Education, 37(1), 43-50

わからなさから生まれる互恵的な学び

わからなさに耳を傾ける

　授業において、わからなさは重要な学びの契機となります。そもそもわからないことがわかるようになったり、できなかったことができるようになったりすることは学びそのものであると言えます。ゆえに、授業の中でわからなさが子どもから出されることは大切な瞬間と言えます。

　次の事例では、小学4年生の算数の授業において、子どもたちが図のように複雑な図形の面積を求めています。以下は、ミカがどのように求めたらよいかわからず、隣の席のヒロシに訊いている場面です。

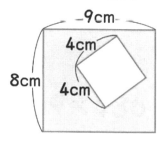

101 ミカ：これでまず足し算にして…あってる？

102 ヒロシ：うん（小さくうなずく）…違う
103 ミカ：うん？
104 ヒロシ：ここ 72 で、かける…
（ミカ、前にやった問題を見直す）
105 ヒロシ：ここを 16

106 ミカ：（真ん中の正方形に斜線を引きながら）これ埋めるんだけど
107 ヒロシ：そう、埋めて
108 ミカ：埋める時は絶対引くになるの？

109 ヒロシ：埋めて、埋めて、それで
110 ミカ：また戻すの？

111 ヒロシ：そう戻すときに引く
112 ミカ：じゃ引いて、
113 ヒロシ：ここから引くの
114 ミカ：（うなずきながら）あ、あ〜

　この場面で、ミカは「足し算」(101)をして、穴の空いている図形を「埋め」て全体の面積を出そうと考えていることがうかがえますが、「あってる？」と確認しているように自信がない様子もうかがえます。これに対し、ヒロシは「違う」(102)と応じ、「ここ72」(104)、「ここを16」(105)と、具体的に図形を指差しながらその部分の面積の値を伝えていることがうかがえます。そのヒロシの応答に、ミカは「これ埋めるんだけど」(106)と、もう一度ヒロシに自分の考え方を訊きます。すると、今度はヒロシも「そう、埋めて」(107)と応じていきます。さらに質問するミカ（108, 110）に、ヒロシが説明を継ぎ足す（108, 111）ことで、ミカは自分のやり方であっていることを確認し、納得したようにうなずきながら「あ〜」(114)とつぶやいていました。

4　わからなさから生まれる互恵的な学び　│　53

ここで大事なのは、ミカのわからなさにヒロシが耳を傾け、応じ方を変えているところです。わからなさを抱えているミカに対し、最初ヒロシは計算結果の値のみを伝えて教えようとしています。しかし、ミカが再度「これ埋めるんだけど」と自分の考え方で訊くと、ヒロシはミカの「埋める」という言葉を用いて、彼女のやり方をなぞって「埋めて戻す」という説明に変更しています。このようにわからなさから支援を求める発話を「援助要請（help-seeking）」と言います（山路，2019）。こうしたミカの援助要請に対し、一方的に教えるのではなく、ミカの考えに耳を傾け、ミカがわからなくて立ち止まっている場所に一緒に立ち戻ってヒロシは足場を組んでくれています。だからこそ、ミカも自分の考え方に基づいて納得してわかっていったのだと思います。ここではヒロシもまた、ミカの考え方を新たに知る学びを得ていると言えます。協働的に学ぶ教室では、こうして子ども同士でわからなさに耳を傾け、足場をかけて互恵的に学んでいく姿が見られます。

わからなさをつなぐ

　次の写真の場面では、うつむいて問題に取り組めないでいた子に教師が声をかけ、隣の子のノートを指差し、彼女に訊くように促しています。促されるととなりの女の子は自分のノートを差し出し、今考えていることを伝えていました。こうして子ども同士をつなぐことで、わからなさを自分たちで解決するように教師は足場をかけていると言えます。

　こうしたわからなさに応じるのはもちろん子どもだけではありません。時に教師に対してわからなさが伝えられ、援助が要請される場面があります。このとき、教師がそれに応えるのではなく、そのわからなさを取り上げクラス全体で考える場面が作られることもあります。そうす

ることでクラス全体で、ある子のわからなさを共有し学ぶことができます。

わからなさが語られる教室

　こうしてわからなさから学びが展開していく上では、その前提として、教室の中でわからなさを出すことができるかどうかが重要になります。上述の写真の場面でも、わからなさに耳を傾けて応じてくれる聴き手がいるからこそ、わからなさが学びにつながっていると言えます。おそら

く、普段からわからないことが言え、聴いてもらい、その中でわかるようになっていくという経験があるからこそ、安心して援助要請をすることができるのでしょう。

　次の写真は、問題が出されたのち、どうやったらできそうか予想し、現時点での理解度を先生が確認していた場面です。このとき、先生は「わかった人？」と問いかけ、挙手を促していました。さらに続けて「ちょっとわからんって人？」と問いかけ、挙手を促していました。写真はその「ちょっとわからん」という子どもたちが挙手している場面です。授業はその後、こうしたわからない人がわかるように、一緒に考えていくことで進んでいきました。

　この教室では「ちょっとわからんって人」と尋ねられた時、多くの子が自信を持って手を挙げていることが写真からうかがえます。ここから、おそらく日頃からわからないという選択肢が提示され、わからなさを表明する機会があり、認められているのだと思います。そうした中で、わかった子、できた子だけではなく、わからない子も発言する機会が作られているのだと思います。このことは、授業において誰がなにをどのよ

うに発言してよいかという参加構造ともかかわっています（→第Ⅱ部第1章1参照）。「わからないことが大事」だとよく言われますが、そうしたわからなさの価値を共有するだけではなく、実際にわからなさを公的に表明する機会を設けること、またその中でわからなさが丁寧に扱われ応じてもらえることが、わからなさから互いに学び合う上では不可欠だと言えます。

参考文献
山路茜（2019）『中学校数学科の授業における相互作用プロセス：援助要請を視点として』風間書房

聴くこと

他者との交流における「きくこと」

　授業において他者と言葉を交わすことは、理解を深めていく上では不可欠です（→第Ⅱ部第1章1、2参照）。こうした他者とのやりとりを支えているのが聴き手の存在です。しばしば、うまくやりとりするためにどのように話したら良いか、話し方や伝え方が議論され、子どもたちに教えられることがあります。その一方で、どう聴くとよいのかといった聴き方について共有し、確認することは少ないのではないでしょうか。しかし、他者と言葉を交わす際、聴き手の準備が整っていないと話し手は安心して話し始めることができません。また、聴き手がどういう人かによって、話し方も、話す内容も変わってきます。すなわち、いかに話すかということは、聴き手によって左右されると言えます。このように考えると、聴き手が他者とのやりとりの基盤となり、支えていると言えます。

　では、どのような聴き手がやりとりを支え、理解を深めるのでしょうか。日本語では「きく」に様々な漢字を当てることがあります。その中で「聞く（hear）」は、意識を向けなくても音が自然と耳に入ってくる状況を指して使われます。これに対し「聴く（listen）」は、意識を向け

て、相手のことを理解しようとして耳を傾けることを表します。さらに、授業においては「訊く（ask）」も重要になってくるでしょう。「どこからそう考えたの？」と相手の考えをより理解しようとして訊いたり、「どこで困ってるの？」とわからなさに耳を傾けて一緒に考えていこうとして訊いたり、「これどうやるの？」「なんでそうなるの？」とわからないところについて支援を求めて訊いたりすることが、他者と交流しながら学ぶ上で不可欠となります（→第Ⅱ部第1章4参照）。

聴（訊）き合うことで理解を深めていく

　聴（訊）くことにおいて重要なのは、他者の言葉に応答するということです。他者の発言を受け止めて終わりではなく、他者に対し応答することで、対象や他者に対する理解が深まっていきます。たとえば、以下の事例では、カイトの意見を聴いたケイタが自分の式と比べながら聴くことで、その意味の違いに気づいています。そうした気づきを自分の言葉で説明する（001）と、それで終わりではなく、ユイが「質問していい？」（005）と応じてカイトの式の意味を訊いています。これにより、式の意

味へと話題が焦点化されていきます。

4月26日　算数　小学3年生
「一本の串に、だんごが3個ずつあります。このだんごを一人に2本ずつ配ります。4人に配るにはだんごは何個いりますか？」という問題について考えている。先にカイトが「3×2＝6、これ一人分だから、4人に配るから、この6を4でかけて。それで、ろくし24」と自分の考えを発言する。すると、ケイタが「意味は同じだけど式が違う」と応じる。先生がケイタを指名すると彼は前に出てきて、黒板に（3×2）×4＝24と式を書く。

001 ケイタ：まず3かけるして6で、この、3かけるは6して、こたえが6だから、それと、あとの4をかけて、24になるから、答えは24になります。どうですか？

002 C：うーん
003 ユイ：質問していい？　質問していいですか？
004 カイト：はい
005 ユイ：3×2は6だから、だから3×2×4ってことは3かける2は6だから、その6×4になって24になるってことで

すか？

006 カイト：はいそうです

007T：わかった？　ちょっとわかんないなーって人？（数人が挙
　　　手）

008T：先生はね、数字だけ言われてもよくわからない。みんなは
　　　どう？　3かけるは掛け算のことでしょ？　団子の話してる
　　　んじゃない？　どれがどれ？　わかる、みんな？　じゃあ
　　　隣の人にちゃんと伝えて、これはなんの数でこれはなんの
　　　数か、はいどうぞ。

　さらに、この事例ではユイの理解を聴いて終わりではなく、教師が周
りの子たちに「わかった？」（007）と訊き、「隣の人にちゃんと伝えて」
と一人ひとりが式に現れている数の意味について、カイトやユイの説明
に応じて理解する機会が作られています。

聴き手のモデルとしての教師

　ここでは教師もまた子どもの言葉に耳を傾け、応じていることがうか
がえます。とりわけ、正解と言えそうなカイトの考えがでてきても、す
ぐに納得するのではなく、教師自身が「よくわからない」と語り、本人
や周囲の子に聴（訊）くことで、より深く理解しようとしていることが
うかがえます（008）。

　こうした教師の聴き方が、子どもにとってモデルとなっていると言え
ます。すなわち、友だちの考えを聴いて応じること、わからなかったら
わからないと応じること、わかろうとしてさらに訊くことを、教師自身
が示していると言えます。教師のこうした姿が、教室で聴くことを大切

5 聴くこと　　61

にする文化を作っていっていると言えます（→第Ⅱ部第4章5参照）。

子どもが聴き合うための教師の居方

　子ども同士が聴き合うことを促す際、教師の聴き方だけではなくその場づくりも関わってきます（→第Ⅱ部第3章1参照）。

　下の写真では、子ども同士が向き合うようにコの字型に席が並べられています。それだけではありません。この写真では誰が発言していて、教師はどこにいるかわかりますか？　子どもたちの視線を追うと、写真右側、教室の前方の子どもが発言していることがうかがえます。対して、教師はその子と教室のちょうど対角線上、写真左奥に位置どり、しゃがんで子どもの発言を聴いています。机の配置だけではなく教師の立ち位置からも、教師に向けて話し、教師が聴くのではなく、子どもが聴き手となり応答する空間が作られていると言えます。

　こうした子ども同士のやりとりを生み出すための教師の居方は子どもたちがグループで学んでいる時にもあてはまります。次の写真では、グ

ループでやりとりしている際の様子を教師が視線をそらして横向きに立って聴いています。

教師→

　この場面について、授業後にどうしてこの立ち位置で聴かれていたのかをうかがったところ、教師は「Aくん（右側）が一生懸命説明していて、Bくん（左側）がいやそれ違うんじゃないかって言ってたので、そこに入ると邪魔することになるので、なに言ってんのかな～って聴いていた。目をみちゃうと、子どもも私を見ちゃうし、せっかくやって、こう自分の言葉で語ろうとしていることを、邪魔させたくない」と語っていました。ここにも子ども同士の応答に耳を傾けつつ、あえて入らないことでつながりを生み出す聴き手としての教師の姿があります。こうした教師の聴（訊）き方をモデルとしながら、聴き手として子どもたちは聴き方を学んでいくのだと言えます。

5　聴くこと

第1章 6

子どもが探究する問い

　ある小学校2年生の算数科の授業から見ていきます。はこの形が組み立てられる面のつなぎ方を考えよう、という課題に子どもたちが取り組んでいます。前時の課題は、正方形2つと大きさの等しい長方形4つで、電車の形をつくる、というものでした。本時では、大きさの異なる長方形のペア3つを用いて、はこの形に組み立てます（図1）。子どもたちにとっては少し手強い課題です。試行錯誤しながら、はこの形になるような展開図をつくっていきます。

図1　板書に示された課題

　その中である子が、図2のタブレットに撮影された並べ方をしていました。そして、教師を呼び、「この形はできません」と言い、この展開図で、はこの形をつくろうとするとどうなるかを説明していました。

図2 「できない形」の写真

図3 「できる形」の写真撮影

　筆者はその姿を見ながら、はこの形を組み立てられる長方形のつなぎ方をこの子がどのようにして理解していくのだろうかと考えていました。

　その少し後、いよいよこの子は、はこの形がつくれる展開図をつくり、タブレットで撮影し（図3）、そして、授業者を呼んで、「この形はできます」と説明していました。その説明の仕方は、その前に作成しタブレットで撮影していた「できない形」の写真を示して、「この形だとつなげ

6 子どもが探究する問い ｜ 65

図4 「できない形」から「できる形」の説明

図5 再び「できない形」の作成

るとここに隙間ができる」「この面を隙間のところに移動すると、はこの形ができる」というものでした（図4）。

　このとき、筆者は、ようやくこの子がどうやったらはこの形ができるかについて理解したと捉え、そして、この後、はこの形になる別の展開図を探究する方向にいくのではないかと予想していました。

　ところがその後、この子は、再び「できない形」を作成しました。しかも、図5のような配置にし、テープで丁寧にとめて、写真に残している姿がありました。

図6 「できない形」をうれしそうに報告

図7 「わかってて、やってるの」

　さらに、それをとてもうれしそうに、「先生、またできないのが見つかりました」と報告しています（図6）。そして、丁寧になぜこの形だとできないかを説明しました。それを丁寧に聴きながら授業者は、「どうしたらできるのだろうか」とつぶやきました。すると、斜め前に座っていた子が振り向いて、「こうしたらできるよ！」と教えてくれようとしました（図7）。その子は、自分ができた感動をもっていたのではないかと思います。しかし、取り組んでいた子は「わかってる。わかってて、やってるの」と応答しました。教えようとしていた子どもは、きょとんとした表情で止まっていました。

6　子どもが探究する問い

どうしたらできるか、という課題に取り組んでいると授業者も筆者も思っていました。しかし、この子はどうしたらできるか、というのはわかっていて、他のパターンではなく、どうしたらできないのか、を探究していたと考えられます。

このように子どもの探究は、教師の課題設定を土台にしながらも、子ども自身が問いを見出すプロセスで生じます。ときにそれは教師の想定を超えていくことがあります。それと同時に、同じ課題を与えても、子どもによっては問いが異なることを受け入れる必要があると考えられます。教えてあげようとした子には、自身の取り組みではなく、あの瞬間に、新たに他の子に教えるという課題を自ら引き受け、結果的に受け入れられなかったところに、新たな問いが生じていると考えられます。

このように子どもたちが自ら問いを立てて探究することは、国際的にも求められている Agency の発揮にも通じるところがあります。OECD Education2030 プロジェクトでは、子どもたちが Agency を発揮して学び、同時に Agency を育んでいくことが、これからの教育に求められると指摘しています。Agency とは、「自分の人生および周りの世界に対して良い方向に影響を与える能力や意志を持つこと」（OECD, 2020, p.3）を示すと言われています。そして、「何をどのように学ぶかを決定することに積極的に関与する」（OECD, 2020, p.3）ことが、学習に対して Agency を発揮する際に重要であると指摘されています。先述の事例は、算数という教科の中でのことではありますが、子どもが与えられた課題を超えて、自ら問い、自ら探究していることから、Agency を発揮していると言えます。

子どもの探究を導き、常に立ち戻って学びの原動力となる問いを、学習科学では、駆動質問（diriving question）と呼びます。クレイチャックとシン（2016）によれば、駆動質問はプロジェクト型学習において、

68 第Ⅱ部 ● 授業で何を見るのか 第1章 話し言葉の質

教師から投げかけるものではありますが、子どもが自分たちの問題として引き受けることが重要となります。駆動質問の特徴として、子どもが取り組めること、本物の価値があること、現実の文脈を伴うこと、子どもにとって意味をもつこと、倫理的に問題のないことの5点が挙げられています。これらの特徴は、授業時に子どもが持つ探究の問いを的確に捉えるうえでの視点になることでしょう。

　では、そのような子どもの探究を促す教師の働きかけはどのように行われるのでしょうか。ここでは、ある小学校3年生の総合的な学習の時間の実践記録から考えます。なお，この実践記録は授業者が自主的に作成したものです。学校の近くにあるT城を2回見学し、様々な疑問をもったうえで、子どもたちはT城を整備する方や、お茶屋の方、観光ビューローの方たちにT城への思いや関わる経緯、どのような仕事をされているか、大変なこと、困ったことのインタビューを行いました。その後、教室に戻ったところからの記録です。

　聞いて分かったことを共有する時間である。ここでの学びが情報の出し合いになるという課題が本校にはある。共有するなかで自分事として考え、追究をさせていきたいと日頃から考えている授業者である。子ども達のお礼の手紙には、「○○さんのこんな仕事が大変だと思いました、すごいと思いました。」という感想が多かった。しかし、本当に大変だと感じたのか、疑問が残る。それは、表面的な理解にしか至ってないのではないかと考えた。

　そこで授業者は、次のような視点を与えた。「いろいろな仕事の中で、一番、大変、すごいと思う仕事は？」

　・T城って広くて高いから、窓開けが大変だと思う。

6 子どもが探究する問い　69

- 落ち葉拾いは、何千枚もの落ち葉がある。その日掃除しても、また次の日には、落ちてくる。
- 東京でやりたい仕事をやめて、A（学校所在地）にもどってこなきゃいけなくなった、○○さんが大変。

- 1つの言葉だけでなく、4つの国の言葉に直しているから、外国語のメニューをつくるのは大変。
- なんで窓開けってやるのかな。
- お堀には、自転車とか大きいごみも落ちている時があるって言ってた。そんなの拾えない。

子ども達は、根拠をもちながら自分の考えを表出していた。

　この記録に示されているように授業者は、子どもたちの問いが不十分であることを御礼の手紙から読み取り、仕事の大変さの具体に迫る発問を行っています。そのときに、どのような子どもたちの言葉が出てきたかが、実践記録に示されると同時に、腕を組み考え込む子、その子に語りかけるような周りの子の姿が写真に撮られていました。子どもが観光地、そして歴史遺産としてのT城を守る取り組みの大変さの具体に迫ると同時に、そのような姿を授業者が捉えています。

　具体に迫った子どもたちは、徐々に、自分ごととして考えるようになっていきます。授業者は次の時間に、「○○さんの8時から窓開けをすることがすごいと思いました。わけは、T城全体の窓開け・窓閉めをする

なんて、ぼくだったら、全然できないので、すごい・びっくり大変と思いました。ぼくだったら、10こで限界なのに、○○さんは、10こじゃ済まないほどやっていることがすごいと思いました。」（下線は筆者）という子どもの感想を紹介しました。「ぼくだったら」という言葉が2回出てきています。この感想を紹介することから子どもたちが動き出し、まずは学校の中でできそうなことを実際に体験してみるプロジェクトを開始します。

　そのプロジェクトをやってみての振り返りの会を行い、その後の作文には次のように書かれています。

　そして、1週間の活動を終え、次週の月曜日に振り返りを行う。『やってみて、どう思った？会議』である。

A：タブレットでローマ字を調べながらやったけど、むずかしくて、全然できない。

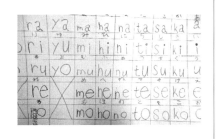

B：階段そうじは、次から次へと人が来るから、そのたびにほこりが出て、やってもやってもきれいにならなかった落ち葉はきもその日にやっても、また葉っぱは落ちてくるから、大変だと思う。

C：ぼくたちは、1週間だったけど、Sさん達は、毎日毎日やってるから、すごい。

D：落ち葉そうじも、毎年毎年やっているよね。

6　子どもが探究する問い

（振り返りの作文より）

○　最初は、かんたんだと思ったけど、やってみるとむずかしくて、H茶屋のOさんは、他にも中国語やベトナムなどの国のメニューまで書いていることが大変だと思いました。自分のためではなく、お客さんのために努力していると思いました。今度お出かけしたときに、外国語のメニューがあるか、見てきたいです。

○　階段を通る人がほこりやごみをちらばせてたけど、ぞうきんやほうきでがんばりました。ぼくのぞうきんがけっこう真っ黒になりました。落ち葉ひろいをまねするのは、大変でした。

○　実際にまどあけの仕事をしてみて、とても大変な仕事だと思いました。どうしてそう思ったかというと、観光ビューローの方々がやっているのは、学校のまどあけではなく、T城の百個ぐらいのまどあけだからです。あと、私たちみたいに1週間だけでなく、毎日窓閉めもしているからです。私がやったら、毎日もつづかない仕事をやっていてすごいなあと思いました。

　子どもたちは実際に自分たちの体験を通して「私がやったら」と自分に引きつけられることで、T城に関わる方々の大変さを実感するとともに、その思いの深さに気づいていくことがわかります。また、「外国語のメニューがあるか、見てきたい」といった新たな問いも生まれています。

　そして、このような子どもたちが真剣に取り組んでいる様子を授業者

が捉えている様子が写真から伝わってきます。

　その後、子どもたちは、実際にベトナムからの観光客に出会ったり、修学旅行生たちへのインタビューを行ったりしていく過程で、自分たちでガイドをしてみたいという思いが生まれ、調査活動と、ガイドの実演などにつながっていきます。そこでも、子どもたちは様々なハードルの乗り越えを経験しながら、より良いガイドに向けての探究が深まっていく様子が記録されています。

　授業者自身が、子どもたちの探究の具体をリアルタイムで写真を撮りながら、実践記録を綴る中で振り返り、子どもたちの探究がどのように深まっているのか、そして、今後どのような道筋をつくりそうであり、より一層深まるためにこれから何が求められるだろうかを丁寧に省察されていることがよくわかります。

　このように子どもたちが探究する問いがより深まるためには、単にこういう発問をすれば良い、というものではなく、子どもたちの学びを丁寧に聴き、見る教師の耳やまなざしが問われているのだと考えられます。

参考文献

クレイチャック, J. S. & シン, N.（著）河﨑美保（訳）「第14章課題解決型学習」R. K. ソーヤー（編）大島純・森敏昭・秋田喜代美・白水始（監訳）望月俊男・益川弘如（編集）『学習科学ハンドブック［第二版］第2巻』北大路書房，pp.17-35.

OECD（2020）『2030年に向けた生徒エージェンシー』https://www.oecd.org/content/dam/oecd/en/about/projects/edu/education-2040/concept-notes/OECD_STUDENT_AGENCY_FOR_2030_Concept_note_Japanese.pdf（2024年12月29日最終確認）

第1章 7

非言語

　授業が始まるときの子どもたちの表情を見ていると、教材との様々な出会い方が見られます。ワクワクが止まらない姿もあれば、今日の学習課題を真剣に見つめるまなざし、黒板に示された図を見てついつい指が動き始めるなど、子どもたちの言葉はなくても、教材との出会いや、声なき対話が始まっています（図1）。子どもの表情や仕草、まなざしなどの身体はときに言葉よりも雄弁です。

　授業の中で、子どもたちは非言語で、様々な表現をしています。これから始まる学びへの希望に満ちた表情、他者と何かが通じ合えたときの

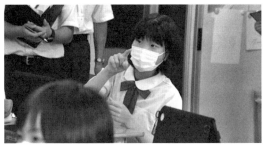

図1　教材と出会う子どもたち

うれしそうな表情、頭を寄せ合って考え合っている姿など、様々です。その一方で、仲間との学びに参加できずにいる寂しそうな表情、わからないことを言えずに恥じ入るようにこわばって小さくなる身体などもあります。たとえば、ある中学校の数学科の時間に個人で問題を解いているとき、問題が書かれたワークシートに頭をくっつけんばかりに下げ、手を動かし取り組んでいる様子がありました。一見すると、一生懸命に問題に取り組んでいるように見えます。しかしよく見ると、式のような何かを書いては消しを繰り返しており、問題への取り組みが進んでいる様子は見られません。表情もどこか不安げです。つまり、その生徒は問題に対して手も足も出ない状況であり、そういう自分を見られたくないためか、頭をぎりぎりまで下げてみられないようにし、手を動かして取り組んでいる様子をつくっているようでした。

7 非言語　75

このような姿を、生徒が誤魔化している、という解釈もできますし、困ったときに誰かに訊ける力を身につけさせなければいけない、と生徒の力不足に原因帰属する解釈もありうるでしょう。しかし、生徒の内面を想像してみると、できない自分自身を認めるのは恥ずかしい、教師を呼んで余計な心配をかけたくない、また他の人に訊いて邪魔をしたくない、といった複雑な思いを汲み取ることもまた可能であるように思えます。このような非言語の振る舞いが発するメッセージをいかに受け取ることができるかが重要なのではないでしょうか。

　図２はある小学校６年生の理科の授業です（詳しくは第Ⅱ部第４章１を参照）。てこの規則性による公式では釣り合わないはずのところで、釣り合ったとき、右側の子どもの表情から、うれしそうな様子がわかります。広げた手から、このまま釣り合っていてほしいと願っていることも読み取れます。一方で、左側の子どもは、てこの規則性を知っていたのか、「あれっ？」「そんなはずはない」という目を向けています。ペアでの実験ですが、二人の認識や理解の相違がこの写真からもよくわかり

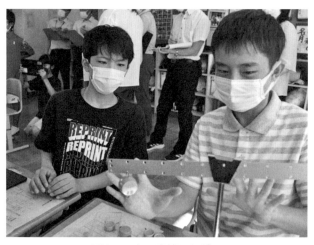

図２　二人の表情のちがい

ます。このように、子どもたちの表情から、感情だけではなく、理解の相違が読み取れることもあるでしょう。

　授業中の行動として、たとえば、挙手のしかたにも、子どもの思考や感情が表れています。挙手を単に、発言の意思として捉える見方もあるでしょう。しかし、よく見ると挙手のしかたも子どもや文脈によっても多様です。教師の問いかけにパッとすぐに挙がる手もあれば、「はいっ、はいっ！」と何度も挙げられる手、少し間をもってゆっくりと挙がる手、相互指名で仲間に指名してほしくて体ごと斜めに挙がる手（図3）、挙げかけて下ろす手、そして、肘をついて少しだけ挙げる手など、様々です。それぞれの子どもの身になってみれば、この挙げ方に、それぞれの子どもの意思や感情、理解、自信など、子どもの学びを読み解くヒントが得られそうです。一方で、低学年では、パッと手の挙がった子どもを指名しても、「忘れちゃった」ということもありますし、自信がなさそうに肘の曲がった挙手の子どもを指名したとき、思いがけない深い考えに出会うこともあります。子どもの挙手をどう読むかは一筋縄ではいか

図3　相互指名での挙手

ないところがあり、それもまた興味深いところです。

　挙手をその様子だけでなく、その子の学びの文脈を通して見ることで、より深く見えてくるでしょう。たとえば、図4のこの子の挙げ方から考えます。肘をついて、先生からはやや見えにくそうに手を挙げています。しかし、この子は、授業の中で控えめながらも、じっくりと考え、なんとか自分なりの解に至っていました。その解は、先生が想定していたところとかなり一致しています。でも、自信を持って、「指名してほしい」という意思はあまり強くは見られません。自信があまりない子なのかもしれないと考えたときに、この子が手を挙げていること、それ自体に価値があるとも考えられます。

　このように子ども単独で表出している非言語的なメッセージもあれば、仲間との身体的な位置関係、物理的な道具の配置など、他者との関係や環境の中での非言語的な要素から、子どもの様々な学びの関係性を読み取ることができます。

図4　控えめな挙手

学び合う子どもの身体

　図5は、ある小学校の高学年の道徳科の授業でのグループで学び合う様子です。ラミネートされた1枚のワークシートに、それぞれの子どもがペンを持って書き込みを行っています。自分の向きで自由に考えたことを書き込んでいますので、自然と頭が寄っていきます。それぞれが独自に思考しながら、書き記されることで思考が見える化され、お互いの考えがつながっている様子がわかります。

　このように、1つの対象を複数人が横並びの関係で見ている状況を共同注視（joint attention）と言い、まなざす対象を共有しながらお互いの気づきや思考を交流することで、気づきや思考がつながり、深まっていきます。

　図5のように1つのワークシートを共有することで共同注視が成立し、つながって学び深めることもあれば、同様に横並びの関係ですが別の形で子ども同士の学び合う姿が見られることもあります。

図5　グループで学び合う身体

図6　覗き込む子ども

　図6は、小学校低学年の生活科の授業です。隣の子どもが自分の考えたことを話していることを聴きながら、書いたものを椅子から腰をあげて覗き込んでいます。興味をもって、お互いの思考を共有しようとしていることがわかります。また、図7は、一緒に課題に取り組んでいるとき、手の止まった子どもが、隣の子どもが何を書いているのか、ノートを見ています。このように横並びの関係の中で、それぞれの子どもが自分なりの学びを他者との関わりをもちながらつくっている様子が見られます。

図7　隣への他者参照

視線だけではなく、耳をそばだてて聴く姿もあります。図8はある小学校高学年の外国語科の授業です。いずれの写真も、子どもたちは目線を合わせていません。前の子どもが英語で自分で考えた味のポテトチップスのパッケージデザインのプレゼンをしているのを、じっと聴いています。目にはあまり力を入れずに、耳に集中している様子がわかります。このように対面であっても、お互いの声を丁寧に聴くことが、外国語の学びをより深めています。

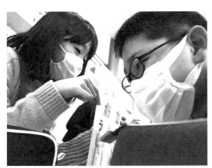

図8　聴く子どもの身体

教師の身体

　教師の身体もまた、子どもとの非言語的なつながりを作り出します。図9は、ある小学校高学年の総合的な学習の時間の授業です。コロナ禍のため、机は前向きとなっています。授業者は座りながら、子どもたちの目線に合わせて一緒に校外学習時の写真を見ています。同時に、写真を見つめる子どもたちの様子を、同じ目線に立って見取ろうとしています。上から見下ろす権威的な関係ではなく、子どもたちと共に学びながら、学びの先達としての教師のあり方が示されているように思います。

図9　子どもと教師が共に見る

　図10はある小学校の国語科の授業です。上側の写真では、グループの机配置の前で、授業者が座って子どもの言葉を聴いています。教卓を前にせずに、子どもと隔たりなく共に学ぶ姿を見せています。

　下側の写真は、子どもたちの様子です。顔を向ける子、テキストを見てつなぎながら聴く子、耳をそば立てて聴いている子がいます。教師の聴く姿が1つのモデルとなって、子どもの聴く身体が育っています。

　いずれに教師の姿も、子どもに開かれていつつも、柔かくかつ芯の通った身体となっています。このような教師の居方（佐藤，2009）をモデル

図 10　聴き合う子どもと教師の居方

として、子どもたちも柔らかく、夢中になって学んでいます。そのような子どもの身体は、子どもの豊かなメッセージを伝えてくれています。

参考文献
佐藤学（2009）『教師花伝書　―専門家として成長するために―』小学館

【第1章　書籍紹介】

①五十嵐素子・平本毅・森一平・團康晃・齊藤和貴（編）（2022）『学びをみとる：エスノメソドロジー・会話分析による授業の分析』新曜社
会話分析の手法による授業のやりとりの分析を紹介しています。特に、教室に特有のやりとりに着目したものから、視線や指差しといったわずかな身体的な特徴まで、やりとりがどのように生起しているのかをみとる視点を提供してくれます。

②佐藤学ほか（編）（2017）『岩波講座　教育　変革への展望5　学びとカリキュラム』岩波書店
知識基盤社会において求められる学びのあり方とカリキュラムの特徴について論じています。第2章では、協働的で探究的な学びにおけるコミュニケーションの特徴を、具体的な事例から分析しています。

③秋田喜代美（編著）（2014）『対話がうまれる教室：居場所感と夢中を保障する授業』教育開発研究所
居場所感と夢中を一人ひとりの子どもに保障するための鍵となる概念や視点を、具体的な事例に基づきながら紹介しています。特に、コミュニケーションに限らず、カリキュラムのあり方や学校における校内研修についても取り上げて論じています。

④石井順治（著）（2010）『教師の話し方・聴き方―ことばが届く、つながりが生まれる』ぎょうせい
子どもたちが学び合う際の教師の居方について、事例に基づきながら論じています。特に、従来論じられてきた話し方（発問の仕方）だけではなく、あまり論じられてこなかった教師の聴き方にも焦点を当て、その特徴を紹介しています。

⑤ケイト・マーフィ（著）／篠田真貴子（監訳）（2021）『LISTEN：知性豊かで想像力がある人になれる』日経BP
「聴く」とはそもそもどういうことなのか、学校教育の文脈にとどまらず、様々な場面の事例を取り上げながらその特徴を紹介しています。そうして、コミュニケーションにおいて「聴く」ことがいかに重要であるかを論じています。

⑥白井俊（著）（2020）『OECD Education2030 プロジェクトが描く教育の未来：エージェンシー、資質・能力とカリキュラム』ミネルヴァ書房
2030年の社会に向けて、子どもたちにどのような学びが求められるか。OECDのEducation2030プロジェクトの成果が日本語でわかりやすく述べられています。これからの学力をめぐる国際的な議論が、日本の文脈とも深くつながり、子どもたちのどのような探究する姿を学校で支えていくことが求められるかのヒントがたくさん得られます。

【第1章　書籍紹介】

⑦秋田喜代美（著、監修、編集）／あゆのこ保育園（著）(2016)『秋田喜代美の写真で語る保育の環境づくり』ひかりのくに

子どもたちは言葉によらず多様な表情、姿、身体の位置関係などで、雄弁に語っています。そのような姿は、言語的コミュニケーションが盛んになる以前の子どもの姿、保育場面での写真から伝わってきます。小学校以降の子どもの非言語的なコミュニケーションを捉えるうえで、保育実践の写真からぜひ学んでみましょう。

第 2 章

書き言葉の質

1　学びの過程で書かれることば
2　子どもの思考とワークシート、思考ツール
3　学びを反映する振り返りの質
4　ポートフォリオ

第2章

学びの過程で書かれることば

思考の対象化

　子どもたちが新聞記事を教材に「事実」と「意見」の区別について考えています。「事実かな、印象かな」「他の見方もないかな」といった観点からコメントが書かれた付箋を指さしながら議論が進んでいます。

ヒロシ　「『避難できないとは限らない』。だからできなくはないんだよ。水や食料を備えていますだから、備えていなくても入れるは入れるよね。」

サクラ　「だから入れるかもしれないし、入れないかもしれないっていっているってことだよね。」

ヒロシ　「っていうことはこれ（二重否定表現）はいらないんじゃない。」

　ことばは、書かれることで形（物質性）を得て、指示の対象として学び手の間に継続的に存在するようになります。学び手は、授業における学習活動の過程で書かれたことばを対象に、他の学び手と協働的に編集したり、検討したり、吟味したり、批評したりすることを通して、自身の思いや考えを広げたり、深めたりします。

　先ほどの写真の場面では、個々のアイディアが付箋に書かれ、その付箋が一枚の大きな用紙の上にレイアウトされています。ヒロシが1枚の付箋を指さしその内容や表現を取り上げて自身の解釈を述べているのに応答して、サクラがコメントしています。授業における子どもの学びを捉える際には、子どもが話していることばとその話しことばにおいて対象となっている書きことばとを関連付けて解釈していくことが重要になります。

88　第Ⅱ部 ● 授業で何を見るのか　第2章 書き言葉の質

書かれたことばの共有

　この写真では、手前の子どものプリントが二人の間に置かれ、そこにそれぞれが体を寄せて教材文の余白に書き込んであることばを一緒に見ながら話をしています。このように複数の参加者が同じ対象に注意を払っている状況を共同注視（Joint Attention）と呼びます（古市, 2019）。奥側の子どもは、自分が書き込みを行ったところと同じかな、違うかな、また、同じところに違うコメントが書かれていないかなという姿勢で、手前の子どもの説明を聞いています。子どもが、同じ対象に対する他者の反応を手がかりにしながら、自分の理解や考えを検討する学びの過程を捉えることができるでしょう。

　例えば、ここで二人に1枚しかプリントが配布されていないとすると、子どもの活動はどう変わるでしょうか。それぞれで書き込みを行い、その後に説明を聞き合うという展開ではなく、一人の子どもがもう一人に

対してどこに何を書き込むかを質問しながら書き込みを行うかもしれませんし、プリントの右側と左側で担当する範囲をなんとなく分担して書き込みをするかもしれません。学習活動におけるこのような道具のちょっとした条件の違いで、子どもの学びのあり方は変わってしまいます。子どもの学びの実態を解釈する際には、このような条件を考慮に入れていくことが重要だと考えられます。

ICTの活用と書く活動

GIGAスクール構想に基づく一人一台端末の普及によって、授業における書く活動も大きく様変わりしています。

国語でも、教材文を紙にモノクロで印刷するのではなく、タブレット端末にデータを配信し、それぞれ端末上で書き込みを行う活動がごく一般的なものとなりました。小学校低学年の子どもであっても、ピンチ操

　作に習熟すれば、拡大・縮小を行いながら自在に書き込みを行うことができます。ただ、画面の中の教材文を拡大することによって、視界に入る情報量は少なくなります。そのことによって子どもの意識するテキストの範囲が狭くなってしまうことも考えられます。そのため、文章全体の構造や部分と部分のつながりに目を向けるように促す工夫が重要になってきます。

　Web上で共有されたワークシートやホワイトボードに書き込みを行ったり、他者の書き込みを読んだりするうちに子どもに新たな気づきが生じることがあります。そんな時には、自分の端末の画面から目を離して向かいの席の子どもと頷き合ったり、隣の子どもに自分の端末の画面を見せて意見を求めたりする姿が見られます。書く活動に着目する場合は、何をどう書くのかに注意を払うだけではなく、書く活動に基づい

て次にどんなアクションがあるのだろうかと予想しながら観察を行うと新しい発見があるかもしれません。

学びを捉える手がかり

　小グループでの学習活動において、共有する１枚のホワイトボードやワークシートに書き込みを行いながら議論が行われている場合、観察者はそれを手がかりとして子どもがどのようなアプローチで課題を解決しようとしているのかを看取（みと）ることができます。

　次の写真は、中学校３年の国語の授業で、生徒がある教材文を読んで「私（登場人物）の感じ方の変化」をホワイトボードを使ってグループごとにまとめたものです。

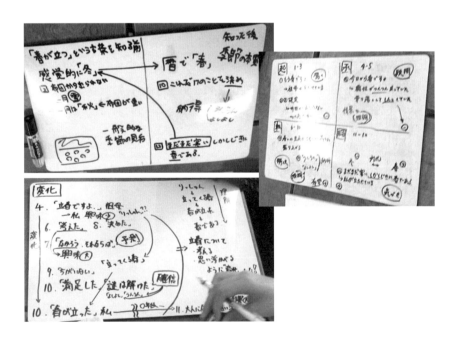

左上のホワイトボードでは、「変化」を「変化前」と「変化後」の２時点の比較で捉えています。それに対して左下のものは、連続する複数の出来事の連なりとして「変化」を捉えています。右のものでは、文章を「起承転結」で分節し、それぞれの出来事から「変化」を捉えようとしています。グループによるこのようなアプローチの違いが、後の授業展開で取り上げられることになると、生徒に新たな気づきが生じるかもしれません。また、複数のアプローチを比較し、それぞれの良さや弱点を考える活動が設定されると、次の課題解決の際に子どもが自身の方法を意識することが期待できるでしょう。

　また、それぞれのグループに張り付いてホワイトボードの内容が構成される過程のコミュニケーションを注意深く観察すると、この状態に至るまでの子どもたちの試行錯誤の具体的なあり方を細かく知ることができます。途中で消されてしまったことばもあるでしょうし、アプローチ自体の変更があったかもしれません。書かれたことばが、誰から誰に宛てられたものなのか、あるいは、どのテキストのどの部分から引用されたものなのか。そういったことが分かってくると、ホワイトボードの内容についても、また異なる解釈が生まれるかもしれません。書かれた成果物だけを見て分かったつもりになるのではなく、子どもが言葉を交わしながら一緒に書く内容を構成していく過程に関心を寄せることで、初めて気がつくことがあると思います。

書く活動の多様性

　実際の授業においては、様々な局面において書く活動が行われています。国語科の「読むこと」を例に挙げると、初発の感想、教材文の行間や余白に書き込まれる解釈や疑問、人間関係図、概念マップ、板書、振

1　学びの過程で書かれることば　　93

り返り、単元のまとめレポートなど、授業過程のいたるところで書く活動が行われています。何を目的に、誰に向けて書くのかという条件によって、書く活動の意味が変わってきます。

　また、書く活動において使用される道具も多様です。どのような道具を使って書く活動を行うかという条件も、授業における子どもたちの学びのあり方に影響を与えます。一人ひとりが自分の教科書やノート、ワークシートに書き込んでいるのか、それとも、二人で1つの対象を共有しているのか、そして、ある決まった子どもが書き手になっているのか、それぞれが筆記具を持って書き込みを行うのか、四人グループで1枚のホワイトボードを使うにしても、何色のペンが何本用意されているのか、そういった道具立てに着目することで、子どもの学びをより精緻に捉えることができるものと思います。

参考文献

古市直樹（2019）小グループ学習における示すことや注視の働きの研究，秋田喜代美・藤江康彦 編著『これからの質的研究法 15 の事例にみる学校教育実践研究』pp.89-104，東京図書

第2章 子どもの思考とワークシート、思考ツール

思考を可視化する

　小学校の2年生が、国語の授業で野菜の特徴を家の人に伝える観察文を書くという学習課題に取り組んでいます。

　「形（見た目）」や「さわった感じ」、「大きさ（長さ）」等の観点ごとに看取ったことを付箋に書いていきます。授業が進むと、右の写真のように、端末上で付箋を並び替えたり、内容について書き直したりしている子どもも出てきます。学習科学は、学習者が自身の理解やアイディアを外化し明確に表現するときにより効果的に学ぶことを明らかにしています（大島，2019）。ワークシートは、学習者の理解やアイディアを外化し明確に表現するためのツールと考えることができます。いったん書かれた

理解やアイディアは、編集したり検討したりする対象になります。

考え方の違いが見える

　授業観察の中で子どもたちのワークシートを見ていると課題の捉え方やアプローチの仕方が子どもによって異なることに気づくことがあります。次に示す写真は、小学校6年生の算数の授業で子どもが書いたワークシートです。オレンジ・メロン・マンゴー・ストロベリー・バニラの5種類のアイスを2段重ねで注文するやり方は何通りあるかという課題に取り組んでいます。

　左の子どもは樹形図を使っています。右の子どもはマトリクスを使っていますね。このような違いが、その後の展開の中で誰の手でどのように取り上げられ、どのように関連付けられるのかということに関心を持って見守ると、子どもの新たな気づきや発見の瞬間に出会うことができるかもしれません。

理解やアイディアを表現する方法

　授業では、理解やアイディアを表現するための方法が子どもたちに様々な形で示されます。

　上の写真は、小学校6年生の、表現を工夫した短歌を作るという国語の授業の一幕です。先生が思考ツールの1つ「Wチャート」を使って「五感」に基づく表現について探索的に考えるよう促しています。

　下の写真は5年生の国語の授業での板書です。同じ読み方の漢字を使った文を書いてみるという学習課題に関わり、「ベン図」で漢字の読み方について整理しています。

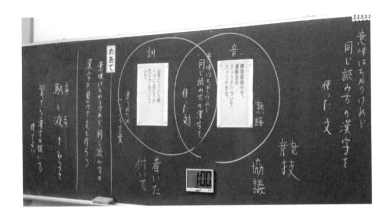

多くの場合、先生が黒板に示す思考ツールのモデルを参考に、子どもが自分でそれを使って考えを広げたり深めたりする学習活動が設定されます。下の写真は、教師の示した概念マップのモデルと生徒のワークシートです。このように、授業での課題解決において思考ツールを自分で使ってみることによって思考の方法について学ぶことが期待できます。ただ、モデルを参考にその思考ツールを使った表現ができたからといって、別

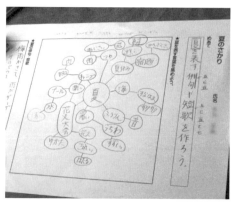

の課題や文脈ですぐに上手に使えるというものではありません。授業の終末において、そのツールの良さは何か、他のツールと比較してどうだったかなどを振り返ってみる活動が設定される場合もあります。子どもが思考ツールを上手に使えるようになる過程に関心があるのであれば、ある程度の期間、継続的に授業観察を行う必要があると思います。

　教師からモデルが示されない場合、同じ課題に取り組んでいても、子どもが使用する思考ツールにはバリエーションが生まれます。次の写真は、中学校2年生の国語の授業（「読むこと」）で「町を去る現在の主人公にとって物語の出来事はどのような意味があるか」という課題について、あるグループが議論を通して作成したホワイトボードの記述です。

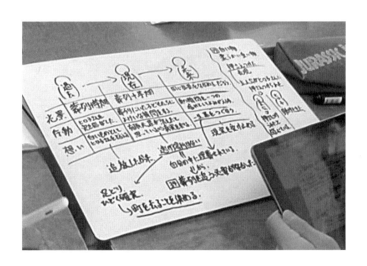

　他のグループが時系列のみで出来事を整理していたのに対して、このグループでは「光景」「行動」「想い」という観点を加えマトリクスの形で出来事の整理を行っていました。このグループに張り付いて観察を行っていれば、誰がこの様式で書くことを発案したのか、それぞれの観点は誰から提案されたのか、などコミュニケーションの過程を知ること

ができたはずです。そのような具体的な相互作用を通して、子どもたちは思考ツールについて理解を深め、思考ツールの使い方に習熟していくのだと考えられます。

ワークシートに埋め込まれる活動

　ワークシートには、学習課題の解決へのアプローチが埋め込まれていることがあります。次の写真は、中学校2年生の技術・家庭科（技術分野）の授業で使われたワークシートです。

　この授業では、グループごとに1つの懐中電灯を分解する作業が設定されていました。その作業に関わり、構造の複雑さ、部品の内容、構造（作り）、疑問点・気になる点の各観点から、事前の予想と事後の結果を書いて比較するという学習活動がワークシート上にレイアウトされています。エネルギー変換の技術について理解を深めるという授業の目的を

踏まえ、比較の観点を示すことで対象の内部構造を細かく捉えていくことが促されています。

　次の写真のワークシートは、中学校1年生の音楽の授業で歌曲「魔王」について「曲想と音楽の特徴との関わりを感じ取って聴こう」という学習課題に関わって配布されたものです。ワークシートの上部を見ると、左の欄に「登場人物と歌詞の内容」を整理して示し、曲を聴いて感じたことについて「どんな気持ち？」「歌詞以外で分かること」という二つの観点から書くことが求められています。ワークシートの下部を見ると、「他の班の発表を聴いて」とあり、グループごとに発表を行うことが予告されています。

2　子どもの思考とワークシート、思考ツール　101

これらの例から分かるように、ワークシートにはその授業で子どもが取り組む課題の構造や考える際の観点、活動の展開を埋め込むことが可能です。それらを、課題解決を通した子どもの学習への足場かけ（scaffolding）（ライザー＆タバク，2018）と捉えることができるでしょう。しかし、子どもが効果的に学ぶためには、彼らの必要に応じた足場を用意し、それを段階的に取り除くことまでを考えなければなりません（秋田，2010）。細かく作り込まれたワークシートによって、子どもが深く考えずに課題解決の過程に参加することになっていないか、批判的に検討することも必要です。子どもの学習活動がワークシートや思考ツールにガイドされることでスムースに進むこと自体は悪いことではありません。しかし、子どもにとって本当に必要なことは、それらに埋め込まれた学び方や考え方を自分のものにすることです。そのためには、子ども自身が、課題解決の過程を振り返り、そこでの学び方や考え方の良さや適応範囲について振り返る機会や場面を意図的に設定していくことが必要になるでしょう。

参考文献

大島純（2019）外化，大島純・千代西尾祐司編『主体的・対話的で深い学びに導く学習科学ガイドブック』pp.22-24，北大路書房

ブライアン・J・ライザー＆アイリス・タバク著，坂本篤史訳（2018）足場かけ，R・Kソーカー編　森敏昭・秋田喜代美・大島純・白水始監訳『学習科学ハンドブック　第二版，第一巻　―基礎／方法論―』pp.37-52

秋田喜代美（2010）リテラシーの習得と談話コミュニティの形成，秋田喜代美・藤江康彦『授業研究と学習過程』pp.110-125．放送大学教育振興会

第2章 3

学びを反映する振り返りの質

振り返りの重視

　近年の授業実践においては学びの主体性を育む観点から振り返りの活動が重視されています（秋田，2012）。

　この写真は、小学校2年生の子どもが国語の授業の終末に振り返りを書いている様子です。ノートを見ると前の時間、その前の時間の振り返

3 学びを反映する振り返りの質　103

りも書かれています。授業における学習過程を振り返ることで、自身の理解やアイディアをメタ認知的に捉えなおし、次の学びにつなげる姿勢を育てる取り組みが小学校低学年の段階から行われています。

　振り返りに何をどのように書くのかということは、その授業実践を行う先生がどのような学びを志向しているのか、その先生の授業観・学習観によって変わってきます。

　次の写真は、学び合う学びを大事にして授業改善に取り組む先生の教室で学ぶ小学校１年生の子どもの振り返りです。「〇〇さんがくじらぐものおはなしに〜できてすごいなと思いました。」「みんなのいけんをきいて〜」「△△さんと、おはなしをしたとき〜」と他の子どもの様子や他の子どもとの関わりを中心に内容が構成されています。振り返りを書いた子どもが、教科内容についての理解だけでなく、他者と関わりながら学ぶという学び方について意識していることが捉えられます。

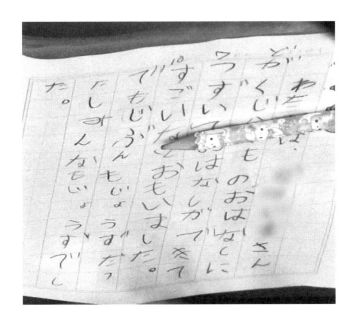

ICT を活用した振り返り

　デジタル端末を活用して振り返りを書くことも珍しくありません。入力の方法も様々です。下の写真の左の子どもはデジタルペンを使ってい

ます。右の子どもはフリック入力を行っています。他にも物理キーボードや画面上のキーボードを使う子どももいます。紙に書いたものを写真に撮って提出ということもあるでしょう。振り返りにICTを活用することで、データの収集、整理・分析が容易になり、そこから授業の改善につなげる取り組みも行われるようになっています。

　デジタル端末を使って振り返りを行う場合、どのアプリを使って、あるいはどのような形式で提出を求めるかで、その後の学びへの活用の仕方が変わってきます。次の写真の例では、スプレッドシートへ振り返りの記入を行っています。このやり方だと一覧性が高くなり、個々の子どもが自分のタイミングで振り返りを遡って確認できるというメリットがあります。

　上の写真の例では、ドキュメントアプリで振り返りが書かれています。振り返りの一部がハイライトされ、画面右には、その部分についての教師のコメントが記入されています。子ども自身が学習過程を振り返って書く文章は、教師が彼らの理解や思考について知ることのできる貴重な資料です。一人ひとりの振り返りにコメントが付けられることで、どのように振り返りを行うべきなのか、つまり、どのように学ぶことが適切なのかということを子どもと先生とで共有することも可能です。

　子どもの書いた振り返りを踏まえて、次の授業の展開を創る取り組みも行われています。たとえば、国語の「読むこと」の授業であれば、授業時間の終わりに書かれた振り返りに書かれた疑問や、テキストの文章表現についての解釈の違いに基づいて次の授業時間の課題を設定することなどが行われています。そういう対話構造を持った授業では、子どものことばのひとつひとつを誰かのことばに対する応答として捉えることも可能となります。

学びの主体性と振り返り

　学習過程を振り返るということは、子どもが自身の学びの在り方をメタ認知的に捉えなおすことを意味します。つまり、自己の学習過程を振り返る観点によって、どのように学ぶことが望ましいのかということを子どもは自身に問いかけるのです。

　次の写真は、中学校３年生の保健の授業で黒板に掲示されていた「振り返りのポイント」です。教科内容の正確な理解にとどまらず、自分の体験につなげたり、他教科における学びにつなげたり、他者との協働において創発を試みることが促されています。

　この授業で使用された振り返りを書く「学習カード」の様式もユニークでした。「本時の学びで分かったこと・疑問に思ったこと・もっと調べたいこと」という見出しの下を見ると「課題」の欄の他に「自分にとっての課題」という欄が設けてあります。授業で扱われる教科内容の理解とそれを学ぶことで解決できそうな自分の生活上の課題を書くことが求められています。10月７日の分を見ると、「課題」に「運動の効果と健康作りのための運動の行い方を理解する」とあり、「自分にとっての課題」

　振り返りのポイント
1. 今日の学習内容と結び付けて課題解決する。
2. 自分の体験と結び付けて振り返り、
　　　　　　　　生活をよりよくする。
3. 9教科＋道徳・学活・総合で学んだ
　　　　　全てのことを使って課題解決する。
4. 課題解決のために新しい提案をしてみる。

は「1日の食事量に合った自分の運動量を知る」と書いてあります。10月8日の分を見ると「課題」は「休養・睡眠をどのようにとればよいか」、「自分にとっての課題」は「自分に合った休養・睡眠方法を見つける」と書いてあります。このような振り返りを繰り返すことで、授業で扱われた教科内容の理解をゴールとするのではなく、それを授業外の様々なものとつなげ究極的には自身のウェルビーイングの向上につなげるという学びの主体性の育ちが期待できます。

　この保健の授業の終末で多くの子どもが振り返りを書き続ける中、少し早めに書き終わった男の子がいました。何をするのか見ていると、何やらテキストを取り出しています。その子は、授業の中で参照していた教科書のページを開き、内容を確認しはじめました。そのページの目当ての項目を読み終わると、パラパラとページをめくり、また別の項目を読みはじめました。この子は、振り返りを書く中で自身の学びの在り方をメタ認知的に捉えなおし、今日の授業での議論の内容に関わって理解が曖昧なところ（よくわからないこと）があることに気づき、教科書で確認したくなったのだと思います。あるいは、授業の内容に関連して興味がわいたところ（知りたいと思ったこと）を教科書で探していたのかもしれません。自分にとって価値を感じられる魅力的な学習課題に仲間

3 学びを反映する振り返りの質　109

とともに取り組むという参加の構造、内容の正確な理解以上のものを目指すという授業の特徴が、このような主体的な学びの姿につながっているだと思います。

　授業観察をしていて子どもが振り返りを書き始めたら、教師によって示されている観点があるか、ないか。あるならそれはどのようなものか。振り返りの活動を子どもがどう感じているかなど、注意深く、観察してみてください。

参考文献
秋田喜代美（2012）教材からのたしかな学習，秋田喜代美『学びの心理学　授業を
　デザインする』左右社

第2章 4 ポートフォリオ

ポートフォリオの作成と利用

　ポートフォリオとは、学習の成果物やノート、プリントや写真、作品などを保存・蓄積し、整理・分析をしたり、一覧にしたりしたものです。そうしていつでも把握できるようにし、学習や指導の改善などに役立てていくことが目指されます。

　このとき、ポートフォリオづくりを通して、学習者が自らの学習のあり方について自己評価することを促すとともに、教師も学習者の学習活動と自らの教育活動を評価することを促すものだと言われています。それは教科の学びだけではなく自身の学びそのものを振り返り、意味付ける際にも用いられます。

　たとえば、次の写真は、子どもたちが学期の節目や行事などに際して書いてきた「なりたい自分の姿」や振り返りをファイルにまとめた「パーソナルポートフォリオ」に基づき、今の自分は「なりたい自分の姿」に照らしてどうか、次にはどうしたいか、なにが課題かを語り合っている場面です。

　このグループでは、奥の女の子が自分の成長と課題（まだわからないところ）をポートフォリオに基づきグループのメンバーに語っています。すると、右の男の子が彼女の語った内容を受け、成長と課題を結びつけて問いかけています。さらには、自分自身の不十分なところとも結びつけ、共感的に聴いていることがうかがえます。このように、ポートフォリオを作成してそのままにするのではなく、折に触れ、ポートフォリオの内容を振り返り、自分を見つめ直すことで、自身の成長を実感する機会になると言えます。それだけでなく、他者とその振り返りを行うことによって、互いの良さや新たな一面に気づいたり、自分自身の課題と向き合う機会になったりしていることがうかがえます。

振り返りとしての１枚ポートフォリオ

　ポートフォリオの中には、前述のようにファイリングしていくもののほかに、１枚のシートを使って学びを蓄積していくものがあります。堀（2019）はこれを「１枚ポートフォリオ（OPP：One Page Portfolio）」と呼んで、子どもたちが１枚のシートに学習前・中・後の履歴を簡潔に記録していき、自己評価する方法を提案しています。

　たとえば、次の写真はある中学校における国語の授業において用いられた OPP です。単元の最初に作品について感じたテーマを書いたのち、毎時間授業で作品を読む中で「大切だと思ったこと」を書き留めていき、単元の終わりに書き留めた「大切だと思ったこと」を振り返りながら取り組む課題が設定されていることがうかがえます。こうして１枚にまと

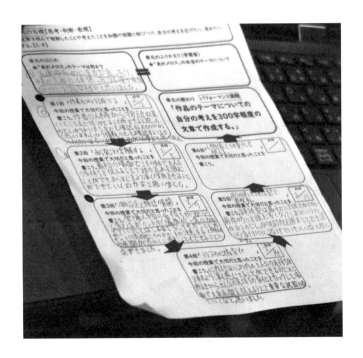

4 ポートフォリオ

めることで、各授業を細切れに理解するのではなく、それらのつながりを意識し、学びをつないでいくことが可能になっています。さらには、単元の最後に単元を通して考える課題や振り返りが設定されていることも重要です。すなわち、単元を通した課題に向けて、各授業の学びをつなぎ、整理し、統合していくという学びがデザインされていると言えます（→第Ⅱ部4章4参照）。

　以上は学習者から見たOPPの特徴です。では、教師にとってはどのような意味があるでしょうか。OPPを見ると、子どもの単元を通じた学びを一目で見て取ることができます。さらには、各授業での学びのつながりやその中での理解の変容などにも気づくことができるでしょう。そうした情報によって教師は子どもに対する理解を深めるとともに、次の授業で学習者の理解を深めるための手がかりを得ることができ、授業に生かすことができるでしょう。

ポートフォリオとしてのICT

　次の写真は小学6年生の社会の授業で、縄文時代と弥生時代の違いを探す際に児童がタブレットを用いています。このとき、手前の子は「前はどんなだっけ？」といって、画面をスワイプスクロールさせ、以前の授業で使ったシートに戻り、確認していました。従来の授業であれば、必要な情報を探して資料集を開いたり、ノートに戻ったり、プリントを見てみたり、と個々のリソースにあたる必要があります。しかし、1人1台のタブレットを使って資料を共有したり考えを共有して学んでいくことによって、これまでの自分だけではなくクラスの友だちの学びやその成果物が1台の機器の中に残されるようになりました。そして、自分の戻りたいタイミングでどこにでもアクセスすることができるようにな

りました。ここから、1人1台のICT端末もまたポートフォリオとして機能していると言えます（→第Ⅱ部5章2参照）。

　裏を返せば、学びの成果物等をどう整理保存しておくかによって、これからの学びに活かせるものかそうでないのかがわかれてくると言えます。それはタブレットであっても、紙のOPPでも同様でしょう。そうした情報活用能力もまた、授業を通して身につけていくことが求められていると言えます。そのため、単にポートフォリオがどう使われ学びに貢献しているかだけではなく、そうしたポートフォリオの作り方・使い方を学ぶ機会があるかどうかも、授業を見る上では重要になるでしょう。

参考文献
堀哲夫（2019）『新訂 一枚ポートフォリオ評価OPPA 一枚の用紙の可能性』東洋館出版社

【第 2 章　書籍紹介】

① R. リチャート・M. チャーチ・K. モリソン（著）／黒上晴夫・小島亜華里（訳）（2015）『子どもの思考が見える 21 のルーチン』北大路書房
「思考を可視化」するアプローチによって学級に考える文化を創り出す方法について議論しています。子どもが考えを展開したり、総合・整理したり、掘り下げたりすることを助けるツールや構造、パターンを実践例に基づいて具体的に紹介しています。

② 田村学・黒上晴夫（2017）『「深い学び」で生かす　思考ツール』小学館
子どもの思考過程を可視化する思考ツールを活用して「深い学び」を実現する方法について、小学校の授業実践を例示して紹介している。思考ツールの活用が目的化した実践や、子どもの意識や思考の文脈とのずれが生じている実践を念頭に「実践への橋渡し」について書かれた節があり、思考ツールを授業に導入する上での実践的示唆を提供してくれる。

③ 田村学（著）（2018）『深い学び』東洋館出版社
「深い学び」にアプローチする子どもの姿について、小中学校の様々な教科の授業を取り上げて「深い学び」が生まれた要因等について具体的に説明しています。第 3 章では「深い学び」のためのプロセスの充実における「振り返り」の重要性を指摘し、「振り返り」活動のポイントを整理して示しています。

④ 堀哲夫（著）（2019）『新訂 一枚ポートフォリオ評価 OPPA』東洋館出版社
子ども自身が自分の学びを振り返る「1 枚ポートフォリオ（OPP：One Page Portfolio）」の特徴と、それを用いた評価の方法を論じています。具体的な使用例や、OPP を活かした授業のデザインについても提案されています。

⑤ 茂呂雄二（1988）『なぜ人は書くのか』東京大学出版会
"書く"という言語の具体的な活動を取り上げて、"書くということは、どういうことか"という問いについて掘り下げる議論を行っています。書くことで、書く人、書く人と対象の関係、そして書く場のそれぞれが、どのように変化するのか、生成的（発生的）な過程として書く活動を捉える視点を得ることが出来ると思います。

⑥ 大島純・千代西尾祐司（2019）『主体的・対話的で深い学びに導く　学習科学ガイドブック』北大路書房
学習科学の知見を分かりやすく解説した入門書です。第 1 部では、学び手が深く学ぶメカニズムや学び手を取り巻く学習環境について論じています。第 2 部では効果的な授業実践研究の紹介と実際に授業設計を行うための考え方や方法等について具体的に紹介しています。第 3 部では、継続的な授業改善のための教師の学びについて論じられています。

【第2章　書籍紹介】

⑦秋田喜代美（2012）『学びの心理学　授業をデザインする』
　教育心理学や学校教育学、学習科学といった学問の動向を踏まえて、より質の高い学びを生む手立てになるような授業の捉え方について書かれた本です。第4章では、確かな学習のための授業デザインのポイントとして、自分の学習過程を振り返ったり、次の学習への見通しを持ったりすることについて具体的に論じられています。

第3章

教室空間と場

1　教室空間の物理的なデザインと学び
2　構造的・非構造的教室空間
3　学びを支える道具
4　多様な学びの場

第3章 教室空間の物理的なデザインと学び

机・椅子の配置

　授業では机や椅子の配置を変えることによって子どものコミュニケーションの在り方を調整することが行われています。

　子ども全員が黒板の方を向いて前後左右に間隔をとって机を配置する伝統的な形式（「スクール形式」）ではなく、この写真のように机を「コ」の字型に並べた上で、ペアを活動の基本形態とする授業も小学校低学年を中心に行われるようになっています。授業において、子ども同士の対話的な活動を重視し、孤立する子どもが出ないようにしたいという教師

の発想に基づくものです。

　国立教育政策研究所（2023）は、これからの学びを実現するための空間を考える場合のキーワードとして①コモン／シェア（専有しない）、②ダイバーシティ（多様性）、③シームレス（連続性）、④モードチェンジ（時間や場面による空間の変容）、⑤リダンダンシー（冗長性）、⑥ウェルビーイング（心地よさ、五感に優しい）を挙げています。次のイラストは、個別最適な学びと協働的な学びの一体的な充実のために実現が目

指される柔軟で創造的な学習空間のイメージです。子どもが、他者と協働しながら何をどのように学ぶか調整できる授業の在り方を考える場合、教室空間の物理的な環境をどのようにデザインするかは、非常に大きな問題だと考えられています。

「コ」の字型

　「スクール形式」から「コ」の字型の机・椅子の配置に切り替えた教室と一口に言っても、よく見るとバリエーションに富んでいます。その細かな違いには教師の授業観・学習観が現れるように思います。次の3枚の写真は、ある学校の校内研修に参加した際、校内を回って教室を見せていただく中で撮影したものです。

　机と机とがくっついているか、それとも少し離れているか、「コ」の字の中心に教師が入れるのか入れないのか。また、子どもの視線がどの

1　教室空間の物理的なデザインと学び　　121

ように交わるのかなど、様々な相違があります。このような教室空間の物理的なデザインの在り方は、授業の過程におけるコミュニケーションの在り方に影響を与えることになります。

教師のポジショニング

　教室空間の物理的なデザインには、授業の展開に応じて教師が教室のどこに身を置くかということも重要な要素として含まれます。

次の写真は小学校3年生の国語の授業。グループでの読みの交流の直後の写真です。先生が「そこのグループで話したこと、聞いてみようかね。」と教室前方手前の子どもに発表を促しました。次の瞬間、先生は立ち上がって廊下側に、そしてそのまま教室の後方に移動します。
　先生が移動したことによって、発表する女の子の視線が教室の中央に

1　教室空間の物理的なデザインと学び　123

向いて、発表を聞く他の子どもたちと視線が交わるように変化していることが分かると思います。

　教室における机や椅子の配置を変えるだけで、高い質の対話的な学びが実現するわけではありません。その物理的な空間の中で子どもにどのようなコミュニケーションをさせたいのか。その先生の持つ授業イメージに応じたことばや身ごなしの在り方というのがあるのだと思います。

　次の写真は、この先生がその翌年に担当した１年生の授業の様子です。奥の男の子が前時の振り返りを発表しています。他の子どもたちの様子を見ると、彼のことばに注意深く耳を傾けとてもよく聴けているようです。男の子が発言する直前、先生は座っていた椅子から降り、この位置に身をかがめました。聴き合う子どもたちの関係をつくろうとする先生のこのような身ごなしによって机・椅子の配置の工夫が生きてくるのだと思います（→第Ⅱ部第１章５「聴くこと」参照）。

基本の学習形態

　1時間の授業展開の中で、机と椅子の配置を変更し、子どものコミュニケーションの在り方についての調整が行われることがあります。例えば、授業の導入時には子ども全員が黒板の方を向いて机の前後左右に間隔をとって配置する形式（「スクール形式」）で、授業展開の中で「お隣さん」とペアを作らせる、あるいは、四人で机を合わせてグループを作らせるといった具合です。そうした授業がある一方で、授業の開始から終了まで、「コ」の字型、あるいは机を合わせた四人グループという授業もあります。授業における基本の学習形態をスクール形式とするか、ペアや小グループとするかという判断は、実践者の授業観や学習観（授業や学習活動という営みをどのように捉えるか）に基づいています。校内研修における継続的な授業研究によって実践者が授業観・学習観を転換していく過程では、教室空間の物理的なデザインの在り方も大きく変化することになります。

　下の図は、筆者と共にアクションリサーチを行った教職大学院の院生さんの1時間の授業（国語科「読むこと」）における学習活動の在り方

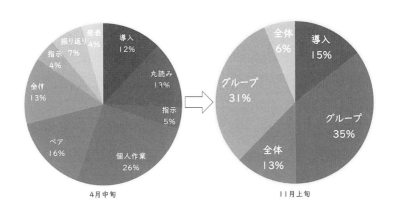

1　教室空間の物理的なデザインと学び　125

を4月中旬と11月上旬とで比較したものです。4月中旬の段階では、スクール形式の机・椅子の配置で学習活動が行われ、子どもの活動を許可したり、強制的に止めたりする教師のことばが多く、子ども同士の対話は多くありませんでした。そこから、半年近くの間クラスメイトと共に考え、学び、新しい発見や豊かな発想が生まれる授業の実現のために授業研究を積み重ねました。11月上旬の授業では、授業の開始から終了まで、四人で机を合わせた小グループの形態で子どもが学習活動に取り組み、対話的で質の高い学びを実現していました。授業の空間・時間の在り方と教師の学習観・授業観とは密接に関わっているのです。

参考文献

国立教育政策研究所（2023）「創造的な学習空間の創出に関する調査研究」報告書
　https://www.nier.go.jp/05_kenkyu_seika/pdf_seika/r05/r0506-01_kenkyuhonbun.
　pdf

第3章 2

構造的・非構造的教室空間

　ある中学校1年生の数学科の授業です。この教室の生徒人数は7名です。普段、7名の机は前を向いて配置されていますが、ペアあるいは3人グループになることもあります（図1）。子どもたちが課題への解を発表している中で、ある子がどうしても納得がいかないと疑問を出した

図1　一斉・ペアやグループ

2 構造的・非構造的教室空間　127

図2　椅子から飛び出して考える子どもたち

とき、他の子どもたちがなんとか納得してもらおうと、椅子から飛び出し、その子のところに集まって考えたり、黒板を使って二人で話したり、なんとか説明をつくり上げた子が疑問を出した子に説明を試みたりといった自由に議論を展開している姿（図2）があります（詳しくは第Ⅱ部第4章2を参照）。そのうちに、子どもたちは、数学における式というものが計算の手順を表すのみではなく、数量の関係を表すものであることに少しずつ迫っていきます。授業者が想定した授業の展開、構造から飛び出し、自由に学ぶ中で、子どもが数学の本質に迫り、概念的理解を形成している姿がありました。

このように、上記の事例は1時間の展開の視点から見ることもできますし、教室の構造の点からも見ることができます。しかし、このような姿は、いきなり子どもたちに任せれば成立するのではありません。教師は、ペアやグループまでは指示をしていましたが、子どもたちが自由に動き出すところは、何も指示を出していませんでした。ある子どもの疑問によって、それまでの教室の構造が崩れ、非構造的な教室空間が出現していました。

　このように教室空間の中で子どもたちが他者と関わりながらどのような学びが展開されうるかは、参加構造という概念で見ることができます。金田（2023）は、教室談話の研究者であるCazdenの研究をもとに、参加構造を、授業でのコミュニケーションにおいて、教師や子どもたちが相互につくり出している役割の構造的な関係であり、その中で、どのタイミングで、誰が誰に、どのようなことを話し、あるいは聞くことが許容されるのかが定まると説明しています。

　たとえば、子どもたちが一斉に前を向いた形を、参加構造の視点で見てみましょう。子どもたちの授業参加は、先生の方を向いて、先生の話を聞く姿勢によって示されます。そのとき、他の子どもと話をしたり、手遊びをしたり、よそ見をしたりする行為は、授業に参加していないとみなされがちです。しかし、他の子どもと、「今、先生が言ったことわかった？」と尋ねていたり、気持ちが高まって手が動いてしまったり、他の教材とのつながりを見出して視線が別に向かった可能性もあります。それは、その子どもにとって必要な学びの瞬間だったかもしれませんが、たとえば、そこで、先生から「おしゃべりしない」「手遊びしない」「よそ見しない」といった注意をされると、学びのつまずきが誘発される可能性が出てきます。このように授業の参加構造と、子どもの学びやすさが必ずしも一致していない状況があります。

2 構造的・非構造的教室空間　129

一方で、上記の事例のように、子どもたちの学びのプロセスに基づいて教室の固定化された机の配置に規定されずに、参加構造が崩れては再構築されて多様な参加構造が展開される教室もあります。

　図3はある小学校3年生の道徳科の授業における子どもたちの学びの様子です。コの字型の机配置で様々な声を交流させていく中、子どもたちの探究が行き詰まったときに、自由に近くの席の人と集まって考えています。最初席についていた子どもたちは、必要に応じて席を離れて集まり始めます。仲良しの友達で集まるのではなく、席が近い人同士で集まっています。座った位置では集まりづらいので、椅子から飛び出して

図3　多様に学び合う子どもたち

頭を寄せ合い多様な考えを交流しています。そのうちに、考えの変わった子から、役割演技をしてみないとわからない、という言葉が出てきて、授業者の指示なく、子どもたち自ら役割演技を始めていました。子どもたちが選べる学びの豊かさがここに反映されています。このように、子どもたちが教室の参加構造を変える余地があるかどうかもまた、授業を見る視点から重要と言えます。

　オープンスペースやそこに配置されているホワイトボードを使い、子どもの学びに応じて有機的に機能する教室を実現している授業もあります。ある小学校3年生の総合的な学習の時間での実践記録にそれが表れています。

　子どもたちは、学校の近くにあるT城の整備や観光に携わる方々から話を聞き、自分たちでもその仕事を追体験しようとして、グループ分けを行います。教室の外はオープンスペースになっていて、そこに自分が希望する仕事のグループに名前を貼り、グループごとに円になって話し合いを始めています。

　3つのグループに分かれた子ども達は、プロジェクト会議を開き、計画を立て始めた。

2　構造的・非構造的教室空間

A：おそうじってどこをやったらいいのかな。
B：教室じゃない？
C：でも教室は、いつもやってるし、その時間はみんな教室にいるよ。
D：一番汚れているところをやった方がいいんじゃない？
E：一番汚れてるところってどこかな？　先生、どこですか？
授業者：う〜ん、先生は、よくわかんないな。誰かに聞くといいのかな。
F：誰に聞けばいいんだろう…。そうだ　用務員さんかな。

　このように子どもたちの学びの展開に即して、教室の参加構造を柔軟に変えていくことを、この授業者は肯定的に捉えています。椅子に座って前を向き、教師の問いかけのみ答える子どもの姿を良しとするのではなく、子ども自身の問いや子ども自身が自分の学びたいことを決める

ことを大事にしていることが、このように実践記録が書かれることの背景にあります。

　最後に、ある小学校5年生の道徳の授業です。子どもたちは、教材文を手がかりに、権利とマナーのどちらが重要なのかについて、タブレット上のアプリを用いて「心の天秤」に表現しました。その全員分をモニタに表示し、子どもたちがよく見えるようにモニタの前に集まっています（図4）。そして、ある子どもの考えをモニタに表示すると、子ども

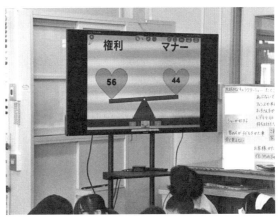

図4　モニタの前に集まる子どもたち

たちは自分の考えとの共通性や差異などを多様なつぶやきで表現していきます。授業者はしゃがみこみ、耳を澄まして聴いています。そして、授業者は子どものつぶやきを聴き、また、子どもの表情の変化を捉えながら指名します。今ここで生まれつつある子どもの気づきや思考を授業者が大事にし、そこから子どもたちの学びをつくろうとしていることがわかります。

　そして、このあと、子どもたちは各グループに戻り、お互いの考えを聴き合いながら、さらに思考を深めていきます。ここでも教室の参加構造を柔軟に変えながら、子どもたちが学びやすい参加構造を実現していると考えられます。教師主導の固定化された参加構造ではなく、子どもたちが他者の声と響き合いながら、自らの学びをつくりあげていく聴き合う関係を支える参加構造（金田，2023）が表れています。

　そのような参加構造をつくりあげるうえで重要になるのが、教師の居方や聴き方です。教師が子どもの声を聴こうとする姿が、子どもたちにとってお互いの声を聴くモデルとなります。同時に、教師は子どもの声を丁寧に聴くことで、教科の本質に迫る子どもの学びの可能性を見出す

ことにつながります。

　創造的な授業実践をデザインされてきたあるベテラン小学校教師は次のように語っています。「授業者の教材解釈がきちっとしてないと、ぽーんと渡しちゃって、はい、どうぞと言ったときに、発表会で終わっちゃう。子どもがいっぱい話してるけど、何もまとまってないね、みたいな。どこの辺りを子どもがしぼって話したいんだろうなっていうことを聞けない。教材解釈がいい加減だと。そこはやっぱり、僕はすごく大事だと思うから、教材解釈はきちっとしなきゃいけない」（坂本・秋田，2012，p.181）子どもと教科の本質のつながりを聴き、そのつながりを大切にした聴き方を教師が示すことが、子どもがお互いの声を聴き、学びの質を高めていくことにつながります。

参考文献

金田裕子（2023）「教室における聴くことを基盤とした参加構造の形成」『宮城教育大学紀要』第 57 巻，27-39.

坂本篤史・秋田喜代美（2012）「第 5 章　Expert5-1 教師」金井壽宏・楠見孝（編）『実践知―エキスパートの知性』有斐閣，pp.174-193.

第3章

学びを支える道具

　ある小学校高学年の総合的な学習の時間の授業風景です（図1）。授業の冒頭で、前時までに行ってきたアンケート結果についての話になった際、自分たちで行った調査結果の掲示を誇らしげに指さす姿が見られました。

　何気ない場面ですが、子どもたちの中で、総合的な学習の時間に探究してきたことが本時にもつながっていることがよくわかります。きっかけは授業者からの言葉でも、子どもたちが自らの学びを単元の中でつなげているからこその行為であると言えます。そして、教室掲示によって

図1　学びにつながる教室掲示

136　第Ⅱ部 ● 授業で何を見るのか　第3章 教室空間と場

日頃から探究の足あとを子どもたちの学ぶ環境に位置付けておくことで、より子どもの学びもつながってきます。

　このように、子どもたちの学びは様々な道具によって支えられています。授業で使用される教材等を、子どもの学びの視点から見てみると、実に多様な機能を果たしていることも見えてきます。

　たとえば、このような場面もあります。ある小学校2年生の算数科の、水かさに関する授業です。

　子どもたちは、自分たちで身の回りにある様々な容れ物に、どのぐらいの水や飲み物が入るのかを、それぞれの問いを立てて探究しています。その一覧が黒板に示されていて、それによりお互いの問いが見える化されるとともに、自らの問いも意識化されています（図2）。

　ある子どもが表を用いて、何の容器にどれぐらいの水などが入るのかについて、写真を印刷したものを切り抜いて貼り付けることで分類していました。その一方で、写真を切り抜いた切れ端にのりをつけて貼り、まっすぐに長くつなげています。写真を切り抜いては、その作業を繰り返し、そして、最後に、水槽の写真を貼り付けました。表は15Lまで

図2　子どもの問いの見える化

図3　表をつくりかえる子ども

でしたので、それを大きく超える水槽の貼る場所がなかったところ、自分でやり方を編み出し、白い切れ端で表の縦軸を伸張していたのです。そのことを発見した他の子どもが、「すごい」とつぶやきながら、眺めています（図3）。

　このように、授業者が意図した使い方でなくても、子どもが自らの必要やこだわりに応じて創造的に改変することもあり、それを授業者が受け入れることで、子どもが与えられた教材を自らの学びの道具として活用していることがわかります。

学びの環境としての教室掲示

　子どもたちの学びは、環境としての道具によっても支えられています。たとえば、冒頭でも紹介したような、教室掲示があります。図4は、ある小学校の低学年の教室掲示です。子どもたちが生活科の活動で収集したアンケート結果だけでなく、子どもたちの校外での様々な学びの場面

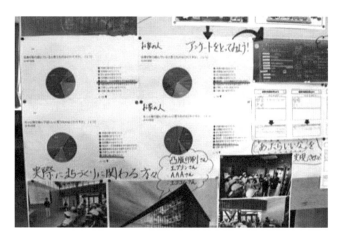

図4　学びの足あとの教室掲示

の様子、授業の板書の写真など、子どもたちの学びの足あとが掲示されています。

　図5は、子どもたちが自分の映っている写真を指さしている場面です。生活科の町探検で行ったときのことを、自分が映っている写真をもとに振り返っています。授業冒頭で振り返った際に、ある子どもが、自分が

3　学びを支える道具　│　139

図5　学びの足あとを振り返る

写っていることから、自分が確かにその場にいて活動をしていたことを楽しそうに話すと、他の子どもたちも続いて、「私はこれをやった」、「ここにいた！」と写真を自ら見て振り返り始めました。

　このように子どもたちが興味を持って自らの活動や学びの足あとを自由に参照したり、振り返ったりすることができ、いわば、子どもたちが学びやすい環境が構成されています。これらは授業で教師が直接的に参照されることもあれば、子どもたちが自ら、「ちょっとこれ見て」と指し示すときもあります。教室掲示を、子どもたちの学びの視点から見直すことで、より豊かな学びが展開されることにもつながることでしょう。

学びをつなげるワークシート

　子どもたちのワークシートのデザインやそれをどう蓄積していくかもまた、子どもたちの学びを支える道具として重要です。

　図6は同じく小学校高学年の総合的な学習の時間で使用されたワーク

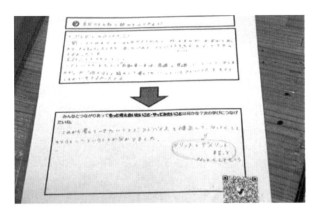
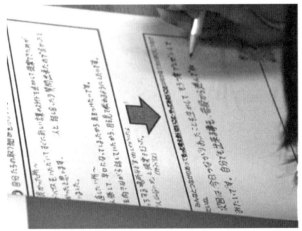

図6　学びをつなげるワークシート

シートです。冒頭にめあての「自分たちの取り組みをふりかえろう。」を書く欄があり、その下の欄に自分たちの振り返りを書いています。そして、矢印の下は、「みんなとつながりあってもっと考え合いたいこと・やってみたいことは何かな？　次の学びにつなげたいね」と書かれています。前時の活動の振り返りから始まり、次の時間の学びへの導入となっています。矢印のところにあたる本時の内容は板書の写真を掲示で共有していき、また、空いたスペースにメモをとる子どももいます。

図7　ファイリングによる学びのポートフォリオ化

　そして、そのワークシートを専用のファイルに入れていきます（図7）。これがいわばポートフォリオとなり、子どもたちは必要に応じて、過去の学びを振り返ることができるようになっています（→第Ⅱ部第2章4参照）。このようなワークシートのデザインによって、子どもたちが自分の探究がつながり、また、足あとが残っていきます。このファイル自体が、子どもたち自身の学びを支える道具となっていきます。

足場をかける電子黒板

　電子黒板も、単に教師の教材提示装置としてだけではなく、子どもたちが学ぶための道具として捉えていくことが重要です。
　たとえば、電子黒板にタブレット端末を無線接続することで、子どもたちの考えを一覧で表示することも、子どもたちが思考を進める手がか

りになります。また、電子黒板そのものも、子どもたちが考えを紡ぎ合う道具になります。

　たとえば、ある小学校4年生の算数科の授業では、電子黒板に子どもたちが考えを書き込みあうことで、理解を構築しあっています（図8）。課題は、菱形に〇が並んだアレイ図の個数を、囲み方を工夫することにより計算で求めるというものです。一通り囲み方が出揃ったところで、

3 学びを支える道具　143

図8　電子黒板でつながる子どもの学び

5×5の式で計算できる囲み方をさらに全体で考えていました。菱形の角にある○を移動させることでできることに気づいてきた子どもから指名されて電子黒板に表示された図形に書き込みをしていきます。それを見た他の子どもが指で数え始め、書き込みを手がかりに思考を進めます。そして、徐々に気づく子どもが増えてきて、リレー形式で次に指名された子どもが書き込みをつないでいきます。

　このように教師が教え込むのではなく、子どもたちがお互いの思考をつなぎあって全体の理解を構築していくことを学習科学では、知識構築（knowledge-building）と言います。

　さらに、その過程で、他の子どもが書いた図が、別の子どもの問題解決の手助けになっています。このようなことを足場かけ（scaffolding）と言います。教師による足場かけももちろんありますが、この場合は、子ども同士がお互いに足場をかけあっていたと言えるでしょう。

学びを支える文房具としての ICT

　GIGA スクール構想により一人一台端末が実現して以降、文房具として使用することが推奨されるようになりました（詳しくは第Ⅱ部第5章1参照）。

　子どもたちが用いる文房具も、学びを支える道具として考えられます。上述のワークシートの例だけでなく、ノートや文房具1つとってみても、これらの道具によって、子どもたちの様々な学習活動が支えられています。鉛筆やペンは、子どもの書くという学習活動の前提となります。書くことは、子どもが頭の中で考えたことを、言語化、記号化、図式化等を伴うアウトプットであり、外化と呼ばれています。外化により、子どもたちは他者と考えを共有することができたり、自分の思考を客観的に振り返ったりすることができます。そして、書き溜めたノートは、あとで振り返って参照することができる学習履歴のログの機能を持ちます。

　添田（2019）によれば、日本の教育文化は西欧と比較して書字随伴型であるそうです。江戸時代の寺子屋では、墨、筆と半紙が常にあり、文房具として用いられてきました。当時、半紙は高価であったことから、真っ黒になるまで使っては乾かしを繰り返していたと言われています。明治時代になり近代学校が整備される過程で、音声中心の西洋型の教育が取り入れられましたが、日本の教育における書字文化は比較的安価に調達できた石盤の使用によって保たれてきました。石盤の利点は、半紙と異なり書いたものを消すことができることです。その後、鉛筆と練習帳（現在のノート）が比較的安価に買えるようになったのは、明治30年代後半以降からです。したがって、学習用具としての文房具も歴史的変遷があり、現在では、ICT が文房具になりつつある時代と言えます（髙橋，2022）。

図9　子どもをつなぐICT端末

　子どもたちは新たな道具を、学びを支える道具として活用していますし、その使い方を子ども同士で学び合っています。図9上側の写真はある小学校の国語科の授業で、ある子どもがタブレット上の表示がうまく見られないときに、他の子どもに訊いて学んでいる場面です。

　この授業では、他の子どもが書いた意見文に反論を「お手紙」として

送り、その反論への意見を、根拠に基づいて書くことで、自分の意見文をブラッシュアップしていくという課題に子どもたちが取り組んでいました。紙であれば、お互いのものを読み、そこから意見を書いて、という段階を踏み、時間や労力がかかるところですが、タブレット端末上で共有し、「お手紙」も端末上のやり取りでできるため、スムーズに行うことができます。

図9の下側の写真は実際に送られた「お手紙」です。デジタル上で送られたものは、口頭や自筆よりもニュアンスがきつくなってしまうことへの配慮もあり、きちんと宛名と差出人を明記する形になっています。

新しい文房具としてのICTを、その特性を踏まえて活用していく試みが多数なされています。ICT端末を見る際も、それが子どもの学びをいかに支えているかという視点が求められます。

参考文献

添田晴雄（2019）『文字と音声の比較教育文化史研究』東信堂

髙橋純（2022）『学び続ける力と問題解決—シンキング・レンズ，シンキング・サイクル，そして探究へ』東洋館出版社

第3章 4

多様な学びの場

日常的な空間を、つながり、学ぶ場へ

　子どもが学ぶのは教室だけではありません。日々過ごす学校の至る所で、学びをデザインすることが可能です。

　たとえば、次の写真は子どもたちが学校の玄関から入って正面に見えるところにある広場です。ここには子どもたちが授業で作成した作品が

飾られています。学校に入ってすぐにこうした子どもの作品が目に入ることで、自分や他学年の学びの様子に触れることができるようにデザインされています。さらに、その前にはベンチが置かれています。休み時間等にはここで座り、作品を見ながら話ができるような空間作りがなされていると言えます。こうしたオープンスペースでの掲示は、子どもが集まりそれぞれの学びに触れる場になると言えます。

また、次の写真は、小中一貫校の廊下にあった掲示です。新しく入ってきた1年生や先生方、さらには各学年の子どもたちへのメッセージが掲示されています。注目すべきはこの掲示の高さです。1年生や小学生向けのメッセージは、背の小さな子でも読みやすいように低い位置に掲示されています。こうした掲示の仕方にも誰に宛てたものなのかが現れると言えます。それにより、何気ない廊下が、異年齢間で言葉を交わし、つながる空間へとデザインされています。

4 多様な学びの場

オープンスペースの利用による教室の拡張

　次の写真はオープンスクール形式の校舎におけるオープンスペースに置かれたテーブルです。ここには、今社会科で学んでいる内容に関連する様々な本が置かれていて、いつでも、誰でも手に取ることができるようになっています。図書館まで行かなくても、こうしてオープンスペースを活用することで、子どもたちの学びの場やリソースが広がっていると言えます。子どもたちが歩く導線上にこうした掲示を行うことで、日常的にそこに子どもの目が向き、また立ち止まったり、交流する場がデザインされています（→第Ⅱ部第3章1参照）。

図書館における学び

　前述のようなオープンスペースに関連図書を置くことにも関連し、図書館もまた、学びの場として重要です。授業で図書館を利用することで、そこにある図書や資料を学びのリソースとして用いるだけではなく、書架やマンガスペース、閲覧コーナーなど館内の物理的な特徴は、本の共有に便利なだけでなく、その過程を通じて、次第に教師と学習者や学習者どうしの間に共感が広がるという社会的・心理的な作用を促す機能も果たしています（新居，2018）。また、授業ではなく休み時間において図書館を利用するにあたっても、1つの図書館内において学習者が過ごす場所は複数存在し、学習者にとって校内におけるセーフティネットの1つとして機能していることが指摘されています（新居，2020）。

　図書館はまた、異年齢の子どもが集う場でもあります。次の写真は図書館において、高学年の子が低学年の子と一緒にタブレットの画面を見ている場面です。同じ空間にいることで、自然とこうしたやりとりが生まれていました。ここにも、様々な子どもが集い、交わる場としての図書館の特徴を見ることができます。

環境にはたらきかける子ども、子どもが選べる環境

　こうした多様な学びの場はあらかじめ用意されたものだけではありません。例えば、先の写真にあったオープンスペースは、子どもの求めによって図書が増えたり、机を変形させて見やすくするなど、子どもの求めに応じて変形することができます。また、ある学校の理科室では、机と椅子のどちらにもキャスターがついていて、自分たちで好きな場所に好きな時に移動することができるようになっていました。このように、環境は固定されたものではなく、子どもの求めに応じて変形することが可能です。また、それにより子どもが主体的になっていくことが予想されます。

　次の写真の教室では、個人で考える机のほかに、教室後方に「友だちとわいわいコーナー」と呼ばれ、自由に意見を共有できるスペースが作られていました。子どもたちは自分で考えたことを伝えたり、わからないことを尋ねたりしていました。もちろん、自分で最後まで考えたい子

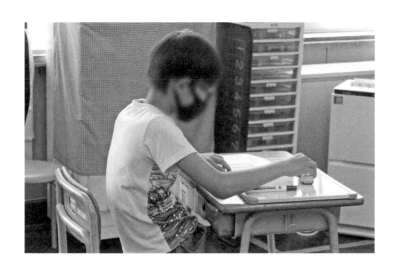

は自席で取り組んでいました。このように、どの環境で学ぶかを、自分の必要に応じて自分のタイミングで選ぶことができる環境が整えられていました。こうした環境もまた、子どもたちが主体的に学んでいくことを後押ししてくれていると言えます。

参考文献
新居池津子（2018）学校図書館は授業において「第三の場所」としてどのように機能するのか —中学生に対する教師のインフォーマルなかかわりに着目して—，読書科学，60(3)，173-186
新居池津子（2020）昼休み時間を過ごす中学生から捉える学校図書館の機能—書架によって創出される場所における居方に着目して—，日本図書館情報学会誌，66(1)，1 18

【第3章　書籍紹介】

①野中陽一・豊田充崇（編著）（2023）『個別最適をつくる教室環境』明治図書
　カリキュラムや授業の変化にあわせて、学校や教室の施設を学習環境として捉え直し、再構成するためのアイディアやそれを実現するための事例を紹介しています。教室を「教える場」から「学ぶ場」に変えていくための学校や教育委員会、企業の試みが、数多くの写真によって具体的に提示されます。

②古屋和久（著）（2024）『「教室の未来」を創る12の教育実践―「学び合う教室文化づくり」による教室改革』（世織書房）
　子どもたちが質の高い学びに向けて学び合う姿を教室に実現してきた古屋和久先生から、職員室の隣の席でお話を聞くように学べます。授業の方法論だけではなく、いかにして教室に学びの文化を創造していくか、本書を読むことで、教室という空間をより深く考えることができることでしょう。

③添田晴雄（著）（2019）『文字と音声の比較教育文化史研究』東信堂
　一見すると授業研究とは距離の遠い歴史研究に見えますが、今私たちの机上にある文房具と、学校での学びのあり方が、実は歴史的につながっており、そして、日本の書字教育文化の深さがわかります。私たちが学びに用いる道具は、文化的な影響を受けていること、そのことに自覚的になれる良書です。

④新居池津子（著）（2021）『中学校学校図書館における生徒の居方に関する検討』風間書房
　教室とは異なる図書館という空間において、子どもたちがどのように動き、他者と関わり、過ごしているのかを論じています。そして、教室とは物理的に異なる図書館の特徴が子どもたちにとってどのような意味を持つのかを分析しています。

第4章

時間系列での学びの変容
～個と集団の発言や言葉を考えていく～

1 授業における様々な活動
2 1時間の展開
3 単元のデザイン
4 カリキュラムマネジメント
5 グラウンド・ルール

第4章 1 授業における様々な活動

授業における活動

　授業の過程では教師と子どもによって様々な活動が行われます。次の図は、ある中学校で観察した技術科の授業で行われた活動の様子を時間と共に示したものです。

　ホワイトボードを使って情報を提示しながら学習課題を導入する活動から始まり、個人で課題についての予想を行う活動、グループで個々の予想を交流する活動と続いています。このように実際の授業においては、話題や情報の提示、説明、指示、フィードバック、状況のモニター等の

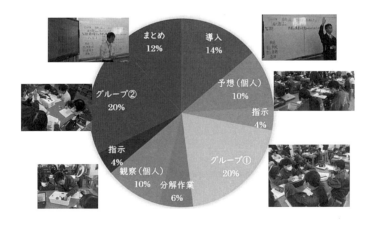

教師の行為と、説明を聞く、板書を写す、課題解決について見通しを持つ、感想を書く、小グループで解釈を交流する、全体の場で意見を述べる等の子どもの行為とが組み合わさり、様々な活動が行われています。

　授業における様々な活動のどこをどのように見れば良いでしょうか。授業後に行われる検討会において、教師の指示や説明の巧みさ、黒板の構成等について賞賛する、あるいはそれらに注文を付けるような発言を聞くことがあります。しかし、授業というものを子どもの学びの場として捉えるなら、授業における活動が子どもの学びの過程にどのような意味を持っているのか、そして、その活動における子どもの学びの質はどうだったかという点を中心に議論を行うことが必要です。

小グループ活動における学びの質

　近年、「協働的な学び」が重視されていることもあり、授業の過程にペアや小グループでの学習活動をどのように位置づけるか、その質をどのように高めたら良いかという課題意識を持つ先生は多いのではないでしょうか。このことについて、具体的な事例を元に考えてみたいと思います。

　次の写真は、中学校3年生の社会の授業でのグループ活動の様子です。「日本はなぜ日中戦争に突入したのか」を考える学習課題に取り組んで

います。日中戦争前後の出来事が書かれた小さな紙を大きな用紙の上で並び替えて歴史の流れを視覚化することを通して課題の解決が目指されています。

　同じ学習課題に同じ人数で取り組んでいるにもかかわらず、グループ活動へのメンバーの参加や学びのリソース（→第Ⅱ部第5章2参照）など大きく異なっています。左のグループでは、大きな用紙を自分の机の上においている右奥の男の子が考えを口に出しながら小さな紙を並べ、それに他のメンバーがコメントするというやり方で活動が進んでいます。それに対して、右のグループでは、各メンバーがそれぞれの手元にある教科書やノート、資料集に基づきながら、大きな用紙の上で小さな紙を指さしたり動かしたりしながら活動が進んでいきます。

　20分あまり続いたこの学習活動において、右のグループでは教科書や資料集に基づいて歴史的な出来事の意味の確認を一緒に行ったり、前の時間のノートに基づいてある生徒が他の生徒に説明を行ったりする姿が見られました。

　一方、左の写真のグループでは 10 分ほど活動したところで、小さな紙を並び替えて大きな用紙の上に歴史の流れを可視化し終えました。その後は雑談をしながら他のグループの終了を待つ状態となりました。

左の写真のグループがこのような状態になってからも、右の写真グループでは議論に基づいて教科書や資料集、ノートの内容を確認し、疑問や気づきを聴き合う活動が続きました。

　生徒の笑顔や真剣なまなざしから、彼らがこの活動への参加に喜びを感じていること、そこでの学びに手応えを感じていることが捉えられるでしょう。このように学び手が夢中になって課題解決に取り組んでいる状態を「エンゲージメント」（鹿毛，2013）と呼びます。授業展開の同じタイミングで、同じ課題に同じ人数で取り組んでいるのになぜこのような相違が生じたのか。授業研究において、子どもの実際の様子と自身の気づきや解釈を語り合い、このような疑問について同僚と一緒に考えてみることで、授業実践についてのそれぞれの理解を深めることができるものと思います。

小グループでの活動と全体での共有

　小グループでの学習活動の後に学級全体で意見やアイディアの共有の場面を設定することは広く行われています。ここまでに紹介してきた中学校の社会の授業でもグループでの議論の結果を全体の場で発表する活動が行われました。

　小グループでの学習活動の後に行われるこのような全体共有の活動は、一人ひとりの学びの深まりという観点からはどのように捉えられるでしょうか。この写真で黒板の前に出てきて発表しているのは、先ほどの左の写真のグループで議論を主導していた男の子です。彼の発表を、先ほどの右の写真のグループはどのような様子で聞いているでしょうか。

1 授業における様々な活動

　残念ながら、あまり楽しそうではありません。むしろ、何らかの不満を感じているようにも見えます。先ほどのグループでの活動で教科書や資料集、ノートの内容を確認し、疑問や気づきを聴き合って質の高い学びを行っていた子どもたちからすると、全体の場で共有が図られている他グループの発表内容が表面的で浅いものに感じられたのかもしれません。

　小グループでの活動が授業の展開の中にどのように位置付いているのかによって、子どもの学びの質は大きく変わります。子どもが互いのこ

とばを聴きあってそれぞれの理解を深めるために行われる小グループでの学習活動と、全体での意見交流の準備として行われる小グループでの学習活動とでは、話し方の特徴（→第Ⅱ部第1章2参照）やリソースの使い方（→第Ⅱ部第5章2参照）に差が生じます。そもそも、小グループでの学習活動の後には必ず全体共有の場を設定してグループ間の交流を行わなければならないという考え方が絶対的に正しいとは言えないはずです。様々な活動を授業の展開にどのように位置づければ彼らの学びの質を高められるか。実際の授業事例における、子どものつぶやきや頷き、表情、視線を丁寧に看取って、その活動を子どもがどのように体験しているかに十分に注意を払う授業研究の積み重ねが必要だと思います。

参考文献

鹿毛雅治（2013）『学習意欲の理論―動機づけの教育心理学』金子書房

第4章 2

1時間の展開

　ある小学校3年生の道徳科の授業です。授業の冒頭で、本時の教材文を授業者が範読した直後、子どもたちは、「これは○○（登場人物）がわるい」「これはみんながわるい」「わるいとかじゃないんじゃない」「負けるとか勝ちとかにこだわっているのかな…誰だってそうだけど」と、様々なつぶやきを交流していきます。考え込んでいる様子の子どももいます（図1）。ここには、授業者の発問はありません。そして、ある子が指名されて自分の考えを発言し始めると、他の子どもはじっと聴いています。授業者も子どもの目線に合わせてじっと聴いています（図2）。

　1時間の授業の展開は、ほとんどが「導入」、「展開」、「まとめ」といった言葉により構成されます。上記の授業においても、その構成で計画さ

図1　つぶやき合い、考え込む子どもたち

図2　聴くことから始まる授業

れてはいますが、教材文を読んだあとの授業者の発問はありません。授業者が導入として主導する前に、子どもたちの思考が動き始めています。何気ない1場面ですが、ここから、子どもたちの思考が授業者の発問によって始まる授業ではないことがわかります。

　加えて、子どもたちは、教材文の内容を自分の経験に引きつけて解釈して価値に迫る判断を試みたり、登場人物の心情を推測したりしています。導入後の展開の計画としては、教材文の内容理解のあとで子どもたちに自分の経験を振り返るという流れでしたが、子どもたちは、教材文の範読を聴きながら、すでに自分の経験と結びつけていました。このような思考が展開されるのは、子どもたちが道徳の授業で自らの経験と関連づけて考えることが習慣化されているためと考えられます。

　このように1時間の展開は、指導案上に示された計画とは異なる展開をすることがよくあります。このような子どもの学びの姿は、指導案と授業の展開を比較して見る中では見落としがちです。子どもたちの思考が1時間の授業を超えてどのように単元内でのつながりや、日常生活とつながっているかを捉えるためには、1時間の展開を、「導入」、「展開」、「まとめ」といった固定的な見方から脱却し、長く続く子どもの学びのプロセスの1コマとして見る見方が求められます。

子どもの学びの視点でみる授業研究

　このように、子どもの学びの視点で授業を見直すことは、以前から指摘されてきました。稲垣・佐藤（1996）は、授業研究について「何よりも重要なのは、参加者が、その授業において、子どもの立場にたち、学ぶ立場にたって、そこから教えるということを考え直す機会になることであった」（p.20）と述べています。そして、「研究会の中で、具体的に授業の見方が変わること、通説的な評価が変わり授業観が豊かになり深まっていくことが重要である」（p.224）とも述べています。研究授業を見た後の事後協議会において、授業が計画通りだったかどうかという指導案との比較ではなく、子どもの学びの視点から見直し、この1時間から私たちが何を学びうるかが重要となります。

　図3は、ある中学校1年生の数学の授業です。提示された問題は「1辺に碁石をx個ずつ並べて正方形をつくります。碁石は全部で何個必要でしょうか？」です。子どもたちは、黒板に貼られたのと同じ図が4つ書かれたワークシートに加え、自分の考えをタブレット上の図に書いて教室前のモニタに表示し、他の生徒からも見えるようにしていきます。7名の生徒はまず個々人で考えたのち、ペアや3人グループになってお

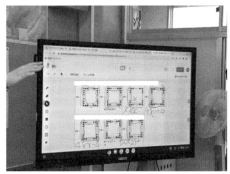

図3　数学の授業で学び合う子どもたち

互いの考えを聴き合い、その後、黒板で考えを発表しました。モニタに表示された生徒の考えは多様であることがわかります。

　発表の中では、$4x-4$になるという考えも出されました。また、うまく説明できない生徒がいると、他の生徒が手助けをして、説明をしてくれました。これにより問題の解は子どもたちに見えてきたように思われました。

　ところが、ある生徒から、教室全体に新たな問いかけが出されます。図4下側の写真がその問いかけが出された時の図です。問いかけは、楕円で囲んだ碁石が$x-2$となって、それが4辺にあるとすると、赤い丸で囲んだ角の碁石を「よけいに引いてしまう」ことになるのでは、とい

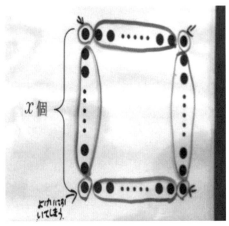

図4　考えの発表と新たな疑問

うものでした。つまり、一度引いたものを、もう一度引けるのかどうか、という問いかけです。

　この問いかけに対して、子どもたちはなんとか説明しようと、考え始めます。説明できそうな子どもがいると、その子のところに集まって話し合ったり、黒板を用いて黒い磁石や長さの単位 cm で考えたときなど、多様なツールを用いながら、説明を試みていきます（図5）。最終的には、楕円で囲んだ部分が、$x-2$ という「式」で表現されているという考えに落ち着いていき、問いかけた生徒もある程度納得した様子で

図5　新たな疑問への説明を試みる子どもたち

した（図6）。

　この問いかけは、事前に想定していたものではありません。しかし、授業者は、そこで一方的に教えるのではなく、子ども同士の解決をじっと見守っていました。結果的に、生徒たちは、$x-2$という「式」が計算のプロセスではなく、関係を表す表現であるという説明を作り上げ、同時に、「式」の概念を再構築する学びを展開することになりました。第Ⅱ部第1章6で、子どもの探究する問いについて述べたように、まさにこの授業においては、一人の生徒の問いかけが教室全体の探究を駆動する問いになっていきました。

　ただ、この授業は、子どもたちの学びが止まらず、50分という時間

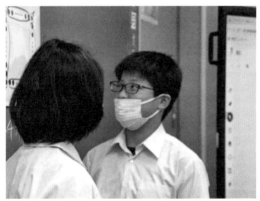

図6　他者の説明に納得しはじめる姿

を大きく超えてしまい、授業後、子どもたちは、すぐにバスに乗って帰ることとなりました。

　この授業を、時間をオーバーしたから問題だ、と捉える視点もあるでしょう。とりわけ、教科担当制の中学校では、時間的制約は重要です。しかし、子どもの学びの視点で考えると、このオーバーした分の時間で、子どもたちは、数学の式に関する重要な概念形成につながる学びをしたと考えれば、何時間かけても難しいところを乗り越えた貴重な時間であると考えることもできます。

子どもの長期的な学びの視点で捉えれば、小学校の算数で「式」は答えを出すための手続きを示すものとしてのみ学んできていると、中学校以降の数学でxやyなどの変数を用いた「式」を学ぶうえでつまずきの石となることが見えてきます。また、教師としては、数学の学びで子どもたちが夢中になって学ぶ問いかけのヒントも得られます。

子どもの学びに即した授業展開

　上記の事例のように、1時間の展開が教師主導から、子どもの言葉で展開していくことがあります。重松鷹泰が示した授業分析においては、授業を分析する際に、分節化を行います（重松，1961）。授業の分節化では、作成された詳細な授業記録に基づき、授業の展開を一定のまとまりに分けていきます。たとえば、各分節が、教師の言葉から始まるのか、子どもの言葉から始まるのかを見ていくことによって、1時間の展開が教師のレールに沿っているのか、それとも、子どもの声によって変化があるのかがわかります。

　この授業分析に学び、国際的に授業研究を展開しているサルカール・アラニ氏は、中国の漢詩（絶句）にヒントを得て「起承転結」を用いて授業の分節を捉えており、「転」があることが重要であるとしています（サルカール・アラニ，2014）。「転」がある授業では、教師の意図していない子どもの発言から、予定調和ではない、子どもの学びが展開されていることを意味します。先ほどの事例は、まさに「転」のある授業でした。このように1時間の展開を、教師の授業案に示された計画の進行として捉えるか、教師と子どもたちで織りなすダイナミックな変化に富んだストーリーとして捉えるかによって、授業の見方が異なります。

　ある小学校6年生の理科の授業で見ていきましょう（詳しくは第Ⅱ部

2　1時間の展開　　**171**

第5章1を参照)。てこの規則性に関する授業であり、天秤を用いて、左右で距離×重さが等しいときに釣り合うということを実験により発見します。実験を進める際、子どもたちは、授業者の想定を超えて、1箇所ではなく複数の箇所に重りを吊るし、それでも釣り合うことを発見します。この発見はこの1時間の授業で扱うには時間が足りないと判断した授業者は、それを写真に撮るように伝えました。そして、この時間の終末時に、「こんなことを発見した人たちがいる」と、先ほど撮られた写真を教室前のモニタに提示し、「次の時間はこれについて考えます」と伝えました（図7）。

　子どもから生まれた考えを単元の展開に生かすことで、単元自体もダ

図7　次時につながる子どもの発見

イナミックに展開していきます。1 時間の展開を子どもの学びの視点で
捉えることで、本時主義の 1 時間完結ではなく、単元やもっと長いロン
グスパンで子どもの学びを捉えることにつながります。

参考文献

稲垣忠彦・佐藤学（1996）『授業研究入門』岩波書店

サルカール・アラニ・モハメッド・レザ（2014）「ティーチング・スクリプトの変
　容をもたらす授業研究の意義―教科内容と教材に関する教師の授業観を中心に
　―」『帝京大学教育学部紀要』第 2 号，171-185.

重松鷹泰（1961）『授業分析の方法』明治図書

第4章

単元のデザイン

単元を通じて学びをつなぐ

　子どもたちの学びを考える上で、1時間の授業の中での学びはもちろん大切ですが、それと同じくらい単元を通じて何をどのように学ぶのかを合わせて考えることが必要です。なぜなら予測不可能な世界を生きていくために必要となる力は、1時間の中だけで身につくものではなく、その学びをつなぎながら時間をかけて育っていくものだからです。そうした際に、単元という単位が重要になってきます。単元を通してどんな力をつけていくかを明らかにし、学びをデザインしていくことが必要だと言えます。

　次の写真は、中学校1年生の社会科歴史分野における授業の一場面です。この時間は7時間からなる単元の最後の授業でした。

　この単元の目標は「貴族にかわる武士の台頭の理由を、単元を通して考える中で、武士の政治進出と展開、農業や商工業の発達、新仏教のおこりが相互に関連することに気付き、中世の社会の変化の様子を、多面的・多角的に考察し、表現すること」でした。そのため、単元の導入から、「なぜ貴族にかわって武士が台頭したのか」という単元を貫く課題が共有され、その課題と関連付けながら様々な歴史的な事象について学んできました（表1）。

表1　単元計画表

次	時	○学習活動	◎主発問または・本時の課題
1	1	○小学校で習った平安時代、鎌倉時代のちがいを思い出す。 ○単元を貫く課題を確認する。 ○単元を貫く課題に対して、何がわかれば解決できそうか考える。 ○単元を貫く課題に対する現時点の自分の考えをまとめる。	◎なぜ貴族に代わって武士が政治に台頭したのか。
2	2	○武士の発生と武士団について理解する。	・武士はどのようにおこり、成長していったのか。
	3	○院政と平氏政権の成立について理解する。	・平氏は、どのように政治の実権をにぎり、どのような政治を進めたか。
	4	○鎌倉幕府を中心とした、武家支持の成立と展開について理解する。	・鎌倉幕府を中心とした武家政権は、どのように成立し、勢力を拡大したのか。
	5	○鎌倉時代の人々の生活について理解する。	・鎌倉時代の人々は、どのような暮らしをしていたのか。
	6	○鎌倉文化と新しい仏教について理解する。	・鎌倉時代には、どのような文化や宗教が生まれたのか。
3	7	○単元を貫く学習課題に対する自分の考えをまとめる。 ○自他の考えを比較し、対話を通して自分の考えを広めたり、深めたりする。	◎なぜ貴族に代わって武士が台頭したのか。

　前の写真はこの7時間目で、単元を通した「なぜ貴族にかわって武士が台頭したのか」という問いについて、これまで学んできた歴史的な事象の中から関連すると思われるものを付箋に書き、それらの関係性を考えて整理することで、その理由を導き出す授業でした。単元冒頭から単元を貫く課題が明示されることで、単にそれぞれの歴史的事象を扱い、

176　第Ⅱ部 ● 授業で何を見るのか　第4章 時間系列での学びの変容

学ぶだけではなく、課題とのつながりを考え、事象と事象を関連付けながら意味を考える深い学びに向かうようデザインされていると言えます。

　一方で「なぜ貴族にかわって武士が台頭したのか」のような挑戦的な課題を、毎時間用意することは難しいのも事実です。しかし、単元の中に位置付けることによって、他の学習内容との関連性が明確になり、教科の本質に迫るような深い学びにつながると言えます。単元のどこでどのようにこうした深く思考する機会を作るか、そのためにどのようなことを他の授業で行うのかを考えていくことが重要と言えるでしょう。

単元を通じて用いる道具のデザイン

　単元を通じてどのように考えていくかを考えるにあたって、どういう道具（教具、教材、言葉、記号も含む）を用いるのかも重要です（→第Ⅱ部第3章3参照）。次の写真は小学2年生の、算数かけ算の単元のある授業の子どものノートです。この授業では、単元を通してかけ算の意味理解として「1つ分の大きさ」が「いくつ分」あるかを理解すること、自分の身の回りの事象についてかけ算で表せられる場面を見いだし、もとになる大きさやそのいくつ分を考えることが大切にされていました。そうするために、写真にあるように「1つ分の大きさ」と「いくつ分」がそれぞれ言葉と数字の式でどこに対応しているのか、わかりやすく色分けしたプリントが毎時間用いられていました。

3　単元のデザイン｜177

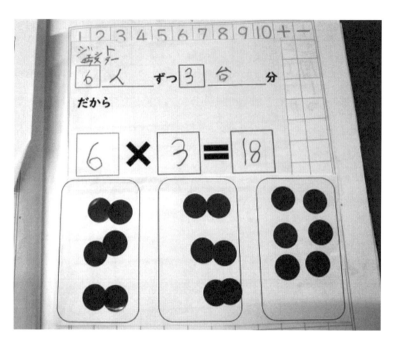

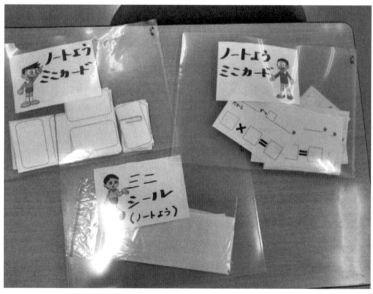

これらのカードやシールは「算数のひみつ道具」としてキャラクターのポケットの中にしまわれており、子どもが自分のやりやすいものを選んで使うことができるようになっていました。このように単元を通じて、「算数のひみつ道具」を使ってかけ算の意味理解をしていくことが一貫してデザインされていると言えるでしょう。

　その中で、ある日の授業では、身近な駄菓子について、自分が食べたいものを選んで何個入っているかを求める活動が行われていました。ここでも自分の身の回りのものをかけ算で表すことができることが追究されています。

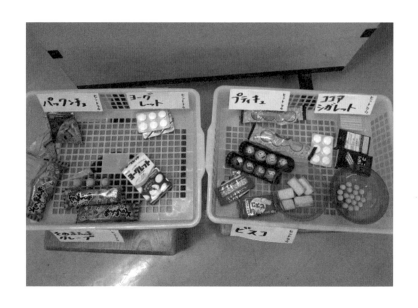

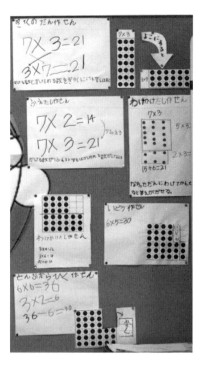

　こうした中で見つけたかけ算の性質についても、この教室では掲示されていました。これを見ると、教師がまとめているのではなく、子どもたち自身が自分たちの言葉で「作せん」として作成していることがうかがえます。これらも子どもたち自身が、自らの学びを単元を通じてつないでいく上で重要でしょう（→第Ⅱ部第3章3参照）。

単元を越えた学びのつながり

　この教室の教師は、子どもたちの振り返りを書く力を育てることも大切にされていました。そして、写真のような振り返りシートが前の単元から一貫して使われてきました。ここにも、学びの主体として子ども自身が考え、振り返るためのしかけを見ることができます。

　授業の最初、子どもは自分で今日の目指す姿（今日のがんばりレベル）を選び、授業に臨みます。このときからすでに、受け身で学ばされるのではなく、自らどう学んでいこうかを意識する機会が作られているといえます。それも学級で共通の目標ではなく、自分に合ったものを選ぶことができるようになっています。

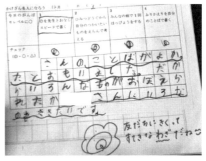

3　単元のデザイン

授業の最後、最初に決めた目指す姿についてどうだったかを自分なり
に振り返り、学びを通して学んだことを言葉で書いていきます。左上の
10月の振り返りに比べ、他の3枚は12月の振り返りですが子どもたち
の記述が増えているのがわかります。この背後には、振り返りに書き加
えられたコメントに見られるように、どこがよいのかが明記された子ど
もへのフィードバック、さらには次の時間に振り返りを紹介して振り返
るといった、教師による丁寧な子どもへのフォローがありました。また、
振り返りで書かれる内容も単に「～がわかりました」という紋切り型の
記述ではなく、わかったことに加えて、わかったことで感じた情動（お
どろき、たのしさ、くやしさ）、友だちのすごさへの気づき、さらには
次の学びや友だちとの関わりへの意欲など、様々な関わりの中で経験し
た自身の学びを言葉にできるようになっていることがうかがえます。こ
うした振り返りの力は、単元を越えて学びをつないでいく重要なものだ
と言えるでしょう。

単元のリ・デザイン

ここまで、単元を通した学びをデザインの重要性を述べてきました。
注意が必要なのは、それは単元の計画をしっかり立てることとイコール
ではないということです。単元が進んでいくにつれ、当初の想定とは異
なる事態が生じたり、補足が必要になったり、そもそも目指す方向が変
わることも多々あるかと思います。そうしたときに、子どもの学びに応
じて単元をデザインし直す（リ・デザイン）ことが重要になってきます。
ここであえて「デザイン」という言葉を用いているのにも意味がありま
す。それは「事前の計画」よりも広い意味を指しています。すなわち、
予め立てた計画通りに子どもを操作し動かすのではなく、子ども一人ひ

182　第Ⅱ部 ● 授業で何を見るのか　第4章 時間系列での学びの変容

とりの学びのストーリーを大切にしながら、それらを編み上げてシナリオをつくる、授業前・中・後において不断になされる教師の専門職たる営み（藤江，2010）です。ここで求められるのは、子どもと対話すること、子どもの声に耳を傾け、応答することです。振り返りや成果物は、そうした声をよりよく聴くための窓口になると言えるでしょう（→第Ⅱ部第2章4参照）。

参考文献

藤江康彦（2010）「カリキュラムと授業のデザインと教師の専門性」秋田喜代美・藤江康彦『授業研究と学習過程』pp.175-188，日本放送出版協会

カリキュラムマネジメント

目指す姿の明確化

　カリキュラムマネジメントとは「学校教育に関わる様々な取組を、教育課程を中心に据えながら組織的かつ計画的に実施し、教育活動の質の向上につなげていくこと」とされています（文部科学省，2017「中学校学習指導要領　総則」）。そこには3つの側面があると言われています。すなわち、①児童生徒や学校、地域の実態を適切に把握し、教育の目的や目標の実現に必要な教育の内容等を教科等横断的な視点で組み立てていくこと、②教育課程の実施状況を評価してその改善を図っていくこと、③教育課程の実施に必要な人的又は物的な体制を確保するとともにその改善を図っていくこと、です。

　ここから、単に各教科の単元配列を工夫したり、学校の年間指導計画や行事計画を作成したりすれば終わりではないことがうかがえます。とりわけ重要なのは、「学校、地域の実態を適切に把握し、教育の目的や目標の実現」という点です。言い換えれば、教育課程を通じてどのような子どもをその学校で育てていきたいかを明確にすることが、カリキュラムマネジメントを行う上では核になると言えます。

　次の写真はある中学校の授業の1コマです。この学校では、「自治」

という学校が大切にしている理念に基づき、教育目標として「世界を変える力をもった生徒」、すなわち「自分の関わる世界（人・事象・情況）をより良い方向へ変えていく生徒」を育てることを掲げ、その育成を目指して教育課程が編成されていました。より具体的には「世界を変える力を持った生徒」を「生徒がAgencyを発揮している姿」と捉え、Agencyを育むことが目指されていました。Agencyとは「変化を起こすために、自分で目標を設定し、振り返り、責任をもって行動する能力」（OECD, 2019）とされています。そして、行事や集会だけでなく、写真のように日々の授業の中で繰り返し生徒にも「自治」という理念と関連づけて「Agency」という概念が伝えられていました。すなわちどんな子どもを育てたいか、どんな力を伸ばしたいかを学校全体で共有し、その育成に向かっていると言えます。

こうした育てたい姿は、具体的な教科の目標とも結びついて子どもたちに伝えられていました。次の写真は、同じ学校の年度の最初になされた美術科の授業の一場面です。いわゆる「授業開き」の時間ですが、冒頭で先生は「あなたにアートは必要ですか？」と問いかけていました。

子どもたちが様々に自分の考えを書いた後、先生が写真のスライドをもとにしながら美術の時間でどのような力を育てたいのか、美術で扱う教育活動のどこでどういう力が求められるのかを説明されていました。ここにも Agency を育むということを軸にカリキュラムを編成、それぞれの教科でどういう姿を目指すが考えられ、明確化されていると言えます。

ここからうかがえるのは、「Agency」を育むといった目指す子どもの

第Ⅱ部 ● 授業で何を見るのか　第4章　時間系列での学びの変容

姿は、どこか遠くにあるのではなく、まさに今その教科、単元、1時間の授業の中につながっているということです。裏を返せば、日々の授業の中にも子どもたちが自分の関わる世界（人・事象・情況）をより良い方向へ変えていく機会が作られていると言えます。

　それだけではありません。この学校では教育課程を編成するということ自体も、教師のみで行うのではなく子どもたちが主導し、先生方がそれに伴走して行われていました。たとえばコロナ禍で中止になった行事をどのように再開できるか、みなの幸せにつながる音楽祭のあり方とは、文化祭で街を元気にするためにはどこでどのように開催するといいのか、その都度生徒たちが語り合う場が設けられ、生徒同士、生徒と先生方とで対話が積み重ねられていきました。ここから、目指す姿が単にお題目になっているのではなく、教育課程を共に創っていくというスタンスの中に浸透し、具現化されていると言えます。

カリキュラムの評価

　冒頭に述べたカリキュラムマネジメントの3つの側面のうち、②には教育課程の実施状況を評価してその改善を図っていくということがあげられています。このことはどのように捉えることができるでしょう？先の「子どもとともに創るカリキュラム」はまさにそうした評価を踏まえた改善のサイクルによって成り立っていると言えます。このとき、「評価」をどう捉えるかが重要です。テスト等で測定された個々の教科の成績や、アンケートの結果でしめされた数値によって評価することももちろん可能でしょう。一方では、数値化しにくい側面があるのも事実です。

　この点に関し、先ほどの学校では授業公開後、参観した他校の先生や大人たちと自分たちの学びについて語り合う時間が設けられていまし

4　カリキュラムマネジメント　187

た。そこでは写真のように、授業を参観していた大人からの質問に対して、自分たちの学びはなんだったのか、よりよく生きることにどうつながっているのかを、物おじすることなく語る生徒の姿がありました。こうした生徒の語りにも、目指した姿を見て取ることができるのではないでしょうか。また、そうして語る場を創ることもまた、子どもの育ちを後押ししていると言えるでしょう。そこには、自分たちの学びに責任を持ち、周囲に発信していく「世界を変える力をもった生徒」の姿があるように思います。

地域との共有

　先に述べたように、カリキュラムマネジメントにおいては教育課程を通じてどのような子どもをその学校で育てていきたいかを明確にすることが重要となります。次の図はある小学校で目指す姿として設定されたものです。「共創力」というコンピテンシーを軸に、日々の授業でどう育てるかを検討し、そのための機会が写真のように日々の授業でも創ら

れていました。

　この学校の取り組みの特色は、こうした子どもの目指す姿を、各教科・教師だけでなく、地域とも共有している点です。保護者や地域ボランティアの方々だけでなく、子どもたちが地域にでて学ぶ機会に関わる人たちに、目指す姿が共有されていました。こうして地域の方々とも共有することで、子どもが生活し関わる様々なアクターとの対話を通して教育課

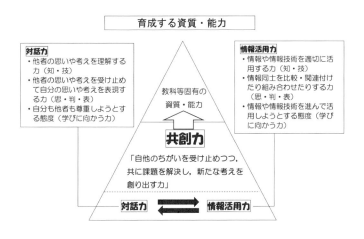

4　カリキュラムマネジメント　189

程が編成されていると言えます。

　ここで重要なのは、「目指す姿」の共有と「対話」だと言えます。それは学校で共通の授業の型を作って共有するというような方法ではなく、どんな子どもを育てていきたいかという方向を共有し創りながらそろえていく営みだと言えます。そして、そうした姿を伝えたり確認したら終わりではなく、子どもに関わる大人たちが（場合によっては子どもも含めた）「対話」を継続し、理解をすり合わせていく営みだと言えます。

第4章 **5**

グラウンド・ルール

話し合いを支えるグラウンド・ルール

　授業の中で子どもたちの話し合いが円滑に進む教室もあれば、なかなか発言が出なかったり、考えがつながらなかったりする教室もあります。そこには様々な要因が考えられますが、その1つに「グラウンド・ルール」の共有が挙げられます。

　グラウンド・ルールとは、「相互の主張や発話内容、発話の意図を正確に理解するために、厳密な言語学的知識に加えて、会話の参加者が保持していることが必要となる、ひと揃いの暗黙の理解」（松尾・丸野, 2007；Edwards & Mercer, 1987, p.42）と定義されています。すなわち、話し合いをするためにどう話せば良いのか、どう聴いたら良いのか、どう応じたら良いのかといったことについての暗黙の理解だと言えます。こうしたグラウンド・ルールが共有されているかどうかが、話し合いの成否にも関わっています。

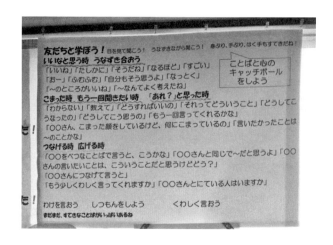

　たとえばこの写真のように、学ぶ際に大事にしたいことを具体的な話し言葉の形で掲示し、共有するのも1つのグラウンド・ルールの表れといえます。Mercerらは、協働で思考するためのグラウンド・ルールとして①関連するすべての情報を共有する、②グループは同意にたどり着くことを目標とする、③グループが意思決定のための責任を持つ、④発言する際に理由を述べる、⑤反論を受け入れる、⑥決定を行う前に代替案を議論する、⑦互いに発言を促すという7つを挙げ、これらに基づいて、学校のカリキュラムと直接関連するトピックを含んでデザインされたグループ活動からなる一連の介入を行っています。つまり、単元の学習に入るために、共有したいグラウンド・ルールをあらかじめ明示し、子どもたちと共有するのです。その結果、介入を行った場合、「なぜなら（because）」や「〜だと思う（I think）」、「賛成（agree）」といった介入により教授された言葉の使用が多くなり、発話も長くなることや、以前の授業で提示された疑問の型が、後の授業におけるグループの話し合いの中で子どもによって使用されたりすることが明らかにされています（Mercer, 2008）。

グラウンド・ルールの提示と共有

では、こうしたグラウンド・ルールはどのように教室で共有されていくのでしょうか？ 先の Mercer らの研究のように、授業や単元の冒頭に提示したり、あるいは写真のようにいつも目に留まる場所に掲示し続けておくことがあるかと思います。しかし、それだけでは共有するのが難しいこともあるでしょう。

これに対し、松尾・丸野（2007）らは、熟練した教師が授業で話し合いを進める中で、その文脈に応じて適切なグラウンド・ルールを提示していることを示しています。たとえば、児童が発言したのを受けて「ちょっとの違いを大切にせないかんとよ。それが自分の感じ方だからね」と、「自分なりの考えを大切にする」というグラウンド・ルールを明示し、共有を図っていることを指摘しています。また、子どもの変化を捉えて「○○君よくチャレンジするようになってきたね」と「考えを積極的に提示する」ことを価値づけ、グラウンド・ルールとして共有していることが示されています。ここには、グラウンド・ルールを共有する際の2つの側面があると言えます。1つはグラウンド・ルールが共有されていない状況において、そのことを指摘し、共有を図るものです。もう1つは、グラウンド・ルールが共有されている状態を捉え、価値づける側面です。前者はいわばグラウンド・ルールが守られていない、ほころびのような場面です。そうした場面を敏感に察知して、共有を図ることが日々の授業の中で、その時々に必要な形で繰り返し提示されることで、共有されていくと言えるでしょう。対して、後者はそれだけではなく、グラウンド・ルールが守られている場面です。ルールが共有されるとそれが自明のものとなり、しばしば言及されなくなることがあります。また、ある程度共有が進むことでかえって前者のようなほころびば

かりに目がいってしまうこともあるでしょう。そうしたときに、できていることにも目を向け、価値づけることでも、ルールの意味や価値を確認し、共有する機会になると言えます。

暗黙のうちに共有されるグラウンド・ルール

前述のように教師が明示する場合と違って、無意識、暗黙のうちにもグラウンド・ルールが共有される場合もあります。たとえば、以下は授業中の教師の言葉がけを対比的に示したものです。

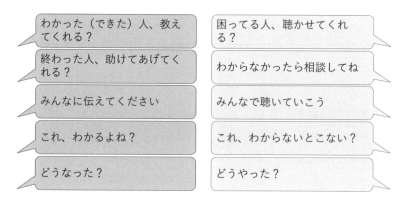

これらの言葉がけの違いによって、求められるコミュニケーションが異なることがわかるかと思います。たとえば「終わった人、助けてあげてくれる？」という言葉がけがなされる教室では、「終わった（わかった、できた）」子どもが自ら動いていく様子が浮かんできます。一方、「わからなかったら相談してね」という言葉がけがなされる教室では「わからない、困っている」子が自ら分かろうとして動いていく姿が予想されます。そこでは、「わからない」ことや「困っている」ことにも価値が置かれ、それを共有し検討することを重視するグラウンド・ルールが共有されることが予想されます。他の言葉では、どのようなグラウンド・ルー

ルが共有されることが予想されるでしょうか。

これらの言葉がけは、なにげない日々の授業の中でなされるものだと思います。しかし、そのなにげない言葉が1時間、1日、1か月、1年と積み重なることで、共有されるグラウンド・ルールややりとりの質、さらには学びの経験がだいぶ異なっていくことがうかがえます。これは参加構造ともつながります（→第Ⅱ部第1章1参照）。

このように、教育する側が意図しているかどうかに関わらず、学校で過ごす中で児童生徒が学び取っていく事柄を、社会学の分野では「隠れたカリキュラム（ヒドゥン・カリキュラム）」と呼んでいます。例えば、教師が暴力的な言葉を使って子どもと関わっていると「暴力的な言葉を使ってもいい」「自分より年下の人を乱暴に扱っていい」ということが学ばれていったりします。このような「隠れたカリキュラム」は、必ずしも子どもたちに悪い影響を与えるものばかりではないものの、ジェンダーによる役割意識を植え付けたり、いじめにつながったりする可能性があると言われています。

また、近年ではICTを用いた実践においても「隠れたカリキュラム」が存在することが指摘されています。例えば、各人の考えを一覧して見ることができるようなアプリの使用によって、普段はなかなか発言しない子どもがどのように考えているのかを知ることができるようになりました。一方で、このような状況について藤本（2023）は、これまで表明しない（隠す）こともできた子たちに、提出前に何度も推敲を重ね、結果的に無難で淡白な仕上がりの意見や回答をとりあえず出すという技法を新たに習得し子どもの内面の軽視とも言える公開前提の意見表明の強制力が「隠れたカリキュラム」として効いている、と指摘しています。このように、用いられるツールによっても暗黙に学習されるものが異なってくると言えるでしょう。

グラウンド・ルールを共に創る

これまでの事例では、グラウンド・ルールは教師（ないし研究者）が提示し、共有を図る、あるいは意識づけることを提示してきました。一方で、グラウンド・ルールが子どもたちの声によって更新、共有されていく場合もあります。次の写真は、年度当初に提示された対話において大切にしたいスキルを掲示したものです。

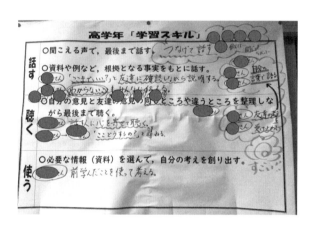

よく見てみると、あらかじめ印刷された文字の上に、いくつもの言葉が子どもの名前と共に書き足されていることがうかがえます。このように、年度当初に掲示して終わりではなく、授業の中で見えた子どもたちの姿が書き足されていくことで、教師からの提示だけではなく、子どもたちとともに考えたルールとして創られていることがうかがえます。

参考文献
藤本和久（2023）「教室での学び」の問いなおしと教育方法学研究の課題『教育方法52　新時代の授業研究と学校間連携の新展開―探究・省察・ICT化と学びの捉え直し―』図書文化, pp.24-37

【第4章　書籍紹介】

①鹿毛雅治（2019）『授業という営み　子どもとともに「主体的に学ぶ場」を創る』教育出版
　「授業という営み」について「子どもたちが主体的に学ぶ場づくり」という観点から多面的に論じています。「授業とは何か」を概説する序章に続き、教師が専門性を発揮する3つのフェーズ、すなわち、授業の構想、展開、省察に対応した内容の3部構成です。授業における様々な活動を知ることが出来ます。

②的場正美・柴田好章（編）（2013）『授業研究と授業の創造』渓水社
　名古屋大学で長く研究されてきた重松鷹泰を起点とする授業分析について、名古屋大学教育方法研究室に関わる方々から学ぶことができます。授業の記録を丹念にとり、事実と事実の関係性を読み解きながら、教室の事実の中にどのような深さがあるのかを探究することで、私たちの固定化された授業観を揺さぶる発見が得られます。

③秋田喜代美・藤江康彦（2010）『授業研究と学習過程』放送大学出版
　文章理解や問題解決、協働学習といった教室における様々な文脈における学習過程の特徴を論じています。あわせて、1時間の授業にとどまらず、単元やカリキュラムをどのように教師はデザインしているのか教師の専門性に基づき紹介しています。

④藤原さと（2023）『協働する探究のデザイン』平凡社
　前著『「探究」する学びをつくる』から、あらたに協働という視点を加え、協働する探究の構造や、その際に必要となる問いや協働、評価をどうデザインするのかを、ハウツーではなくその原則となる考え方を示しつつ、具体的な実践に基づき論じています。

⑤立石泰之・松尾剛（2018）『子どもの「学びに向かう力」を支える教師の「動き」と「言葉」』東洋館出版社
　「見る」「指名する」「聴く」といった教師の何気ない日々の動きや、教師が用いる言葉がいかに子どもの学びを左右するかを論じています。あわせて、そうした動きや言葉の背後にある、教師の授業観や子ども観についても検討しています。

第 5 章

学びを仲立ちするメディア

1　一人一台端末
2　学びのリソース（資源）
3　ICT やクラウド

第5章 1 一人一台端末

　2019年12月に示されたGIGAスクール構想は、2020年初頭から始まったコロナ禍により加速され、ほぼ全ての小中学校で一人一台端末が実現することとなりました。

　ただし、GIGAスクール構想が出された背景は、コロナ以前であることに注意が必要です。OECDのPISA2018調査において、日本の読解力の得点が下がったのはコンピュータのテストに慣れていなかったことも一因として考えられたことや、同調査において日本の15歳生徒のノートPC使用率が諸外国に比べて著しく低いこと、その一方で、学校外での平日のデジタル機器の利用状況は、「ネット上でチャットをする」が87.4％（OECD平均67/3％）、「1人用ゲームで遊ぶ」が47.7％（OECD平均26.7％）と娯楽目的の利用が比較的高いことなどが指摘されていました。その一方で、PISA2015の調査ではコンピュータを使用すればするほど学力が下がる傾向にあることがわかっており、これは、コンピュータに依存した教育を行ったが故であると考えられます。したがって、ICT機器を児童生徒が学習のために使用する意識や方法を学校教育の中で教える必要性が生じていました。

　そして、それに併せるように、中央教育審議会（2021）の「『令和の日本型学校教育』の構築を目指して〜全ての子供たちの可能性を引き出

す、個別最適な学びと、協働的な学びの実現〜（答申）」では、ICT 端末による学習履歴データの保存とともに、文房具として用いることが示されました。文房具として使用することを考えれば、子どもたちは自主的に使用するかどうかを決めることになります。一方で、データの集積を求めるとなれば、子どもたちに使用してもらう必要がありますので、学習履歴データの活用が活発化するには、まだ時間がかることでしょう。

　しかし、AI ドリル、項目反応理論を用いた CBT など、従来ではできなかった形で、子どもたちの学力測定と、それに応じた対策を ICT を用いて講じることができるようになりました。

　それにより、授業の姿と、授業に対する見方は変化してきています。例えば、研究授業の際には、ICT 端末を用いた授業がよくなされるようになりました。子どもたちはすぐ取り出せるところに ICT 端末を持っていて、一斉に使用することもあれば、子どもが好きなタイミングで使用することもできます。すると、自ずと、新たな道具として ICT 端末の使用方法に、多くの教師たちの目が行くことになります。そして、授業後の協議会では、「ここは ICT を使った方がよい」「こういう活動には適さない」といった ICT の活用法に関する話も出てきます。ICT という選択肢が増えることで、教師の授業のデザインや、授業に対する見方に広がりが出てきています。

　しかし、重要なのは、子どもの学びの視点から一人一台端末の価値を考えることです。一人一台端末ということは、ある意味で各自が思考の道具としてのコンピュータを用いるということになります。検索や生成 AI の利用も、思考を助けるために行うのであって、コピペできる情報を探すことに終始し、書いてある情報を批判的に吟味することがなければ、逆に思考を妨げてしまいます（坂本・山脇，2021）。

　このことは、現在のように一人一台端末が整備される以前から指摘され

ていました。1980年代に佐伯（1986）は、次のような指摘をしています。

> コンピュータは確かに「考える」ことができる。しかし、私たちと離れて「勝手に」考えるのでなく、私たちと共に考える機能こそ、教育が必要とし、コンピュータに要求する機能である。（p.111）

> 「機械」、とりわけその頂点に立つコンピュータを意識し、それと強烈な緊張関係を持ちながら、「教育的」なまなざしを持つこと。これが今日もっとも大切なこと、むしろ急務といっていいほどのことだと考える。そういう「教育的まなざし」の中でコンピュータを利用するのが、「教育におけるコンピュータの利用」なのである。（p.218）

つまり、コンピュータの機能に振り回されることなく、それが子どもの学びにとってどのような意味を持つのかを「教育的まなざし」で見ること、一人一台端末を私たちが考えるためのパートナーとしてどのような意味や可能性を持っているのかを、実際の子どもの姿から検討する必要があります。

たとえば、図1のような子どもの姿がありました。これは一人一台端

図1　授業の準備でICT端末を取り出す

末がすでに文房具となっていることを象徴するシーンです。ある中学校の音楽科の研究授業でした。多くの参観者が集まるため、体育館で授業は実施され、そこで、授業者は授業が始まる前に、「教科書とファイルを準備しましょう」と指示を出しただけでしたが、生徒たちは自然とICT端末も同時に出していました。あたかも文房具を取り出すかのような姿に、端末が学びの道具として当然のもののように生徒が考えていることが伺えます。

このように、児童生徒が自分の物として端末を使用しているかどうかは、トラブルや操作方法における児童同士の関わりにも見られます。

図2において、奥にいる児童は、他の児童から送られた質問への回答

図2　操作を学び合う

について、表示が見切れてしまって見られないときに、教師やICT支援員を呼ぶのではなく、振り返って近くの児童に相談しています。そして、自身の端末を見せて、他の児童に操作も許しています。児童が一人一台端末を扱えるようになるということは、自分の操作だけではなく、他者との間をつなぐ道具として使用できるといえます。

　では、子どもの学びにとってどのような意味や可能性を持っているのかを具体的な子どもの姿から見ていきます。図3は小学校5年生の国語科の授業です。説明的文章を読解し、書かれている内容の図解をグループで作成していますが、一人ひとり全く異なる図を描いています。そして、ある子が考えを聞いてほしくなると、タブレットに書いた図を見せながら説明し他の子が自然と耳を傾けます。このように、子どもが自分の思考を外化するとともに、他者と思考をつなぐ道具としてICT端末が機能しています。

　このようなことは小学校1年生の算数科の授業でも見られます(図4)。データの活用に関する授業であり、大きさの異なるゾウ、キリン、シマウマ、ウサギの絵から、何が多いのかを数量的にわかりやすく整理する

図3　グループ内での多様な思考

図4　学びをつなぐICT

課題でした。

　この授業で工夫されていたのは、絵の大きさが異なっていても、タブレット端末上であれば、絵の大きさを自由に変更することができることです。一番小さいウサギの絵の大きさに全部合わせ、左端を揃えて並べると、絵の個数が一目瞭然となります。そのため、タブレット端末上での操作が基本となりますが、一人一台で課題に取り組んでいても、困ったことがあると、他の子どものところに行って尋ねることもあります。このように一人一台端末が子どもたちによって、閉じこもるための道具なのか、それとも、自らの端末から一時的に離れ、他者と思考を共有するための道具になるのかによって変わってきます。

　また、ICT端末だからこそ実現する子どもの学びもあります。理科の授業においてグラフ作成が容易になります。図5に示す理科の授業では、梃子のはたらきについて実験結果をエクセルに入力し、グラフを作成する中で、重さ×距離が等しいときに釣り合うことを発見していました。用意された重さの合計は12グラムであり、片側の6のところに2グラムが吊るされています。距離は1～6まである器具を用いています。

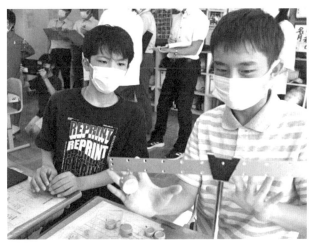
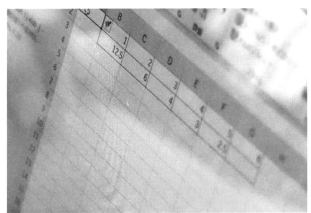

図5　アナログとデジタルの学び

　児童たちは実験をしながら、1〜4と6は持っている重さで釣り合いますが、距離が5のときは2.4グラムを吊るす必要があり、それについてはうまく釣り合わず、公式を用いて計算で求める、ということが狙われた授業でした。
　その際、アナログの実験器具においては、児童の主観や器具が少し傾きづらかったことにより、釣り合っていなくても釣り合っているかのよ

1　一人一台端末　｜　205

うに見えてしまっていました。それにより、本来は5のセルは埋まらないはずが、数字が埋まり、グラフが完成してしまいました。

　そのときの右側の児童のうれしそうな様子の一方で、左側の児童の「あれ？」という表情が写真に現れています。このあと、左側の児童が全体でそれぞれのペアのグラフを見ながら教室全体で検討している最中に、手を上げて、計算で求められることを発言し、その後もう一度ペアになった際に、再度実験をして傾いていることを確認し、右側の児童は照れたような笑みを浮かべていました。

　ここでは、アナログとデジタルを行き来する中で、現実の複雑さと、モデルによって思考する科学との間を往還する学びが生まれていました。

　この授業では、さらに次の展開もありました。図6に示すように、様々な吊るし方を試した児童たちがいました。この児童たちの実験結果は本時の授業を超えています。アナログのみであれば、そのときの記録を書

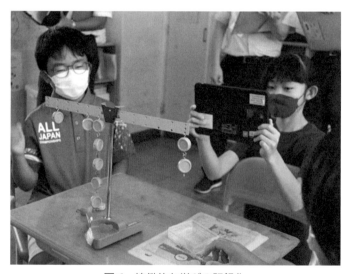

図6　協働的な学びの記録化

いて残すことになりますが、授業の時間的余裕は苦しくなります。このとき授業者は、この結果を、端末を用いて写真に残すように指示しました。そして、この時間の最後にその写真を示し、次の時間はこれについて考える、と伝えて授業を終えました。このように、児童生徒の試行錯誤が履歴として残ることも ICT 端末によって可能となることです。

　以上のように、一人一台端末を子どもの学びの視点から見ることが重要であり、そのための機能の整理が今後求められると言えます。

参考文献

中央教育審議会（2021）『「令和の日本型学校教育」の構築を目指して〜全ての子供たちの可能性を引き出す，個別最適な学びと，協働的な学びの実現〜（答申）』https://www.mext.go.jp/content/20210126-mxt_syoto02-000012321_2-4.pdf（2024 年 12 月 31 日最終確認）

坂本旬・山脇岳志（2021）『メディアリテラシー 吟味思考（クリティカルシンキング）を育む』時事通信社

佐伯胖（1986）『コンピュータと教育』岩波新書

第5章 2

学びのリソース（資源）

主体的な学びを可能とするリソース

　6年生の国語の授業、日本の伝統文化を5年生に対して紹介する文章を作成しています。このグループは「花火」について調べています。

　子どもが、グループのメンバーと言葉を交わしながら自分の思いや考えを広げたり深めたりしているとき、グループのメンバーは、その子にとっ

ての学びのリソース（資源）となります（瀬尾・植阪・市川, 2008）。自分の疑問について解決の糸口となるコメントをくれたり、説明の論理の曖昧さや具体的な事柄との対応について指摘してくれたりする他者の存在が、学んでいる内容についての理解を深めることに貢献してくれるのです。

　授業において、子どもは様々なテキストをリソースとして利用しながら試行錯誤しながら課題の解決に取り組みます。教科書やノート、資料集、そして図鑑や辞書など様々な種類のテキストが参照されます。

2　学びのリソース（資源）　209

　すでにある文字情報だけでなく、様々なテキストを踏まえて書かれたグループメンバーのノートやワークシートの記述も、貴重なリソースとなります。共通する情報を踏まえて書かれた仲間の文章を読むことは、自身のアイディアの相対化につながり、省察を促します。

　様々なテキストやそれを踏まえた他者とのコミュニケーションの中で、新たな疑問や確認すべき情報が出てくるとICT端末の出番です。上の写真に示すように、グループ活動が進んだ局面において、この子はタブレットを使って、「花火」についてさらに詳細な情報を調べていました。

　このように授業において子どもが様々なリソースにアクセスしながら課題の解決に取り組めるためには、彼らの主体的な判断を尊重する必要があります。一律一斉（みんな一緒にみんな同じことを）の授業ではなく、一人ひとりがこの課題の解決には何が必要かを考え、必要なリソースに自由にアクセスできる学習環境を保障することによって子どもが自らを学びの主体として捉えられるようになります。

課題の構造とリソース

　現実の文脈を踏まえた探究的な学習課題について子どもが多様なリソースを利用して取り組むことは、個別の教科を超えた教科横断的な学びを可能にします（文部科学省, 2022）。

　次の写真は、中学校3年生の保健「健康な生活と病気の予防」の授業の様子です。授業者が、自身の具体的な生活（何時に起床してどのような食事を食べてなど）を例に挙げて、「依頼主（T教諭）が生活習慣病になることなく、いつまでも健康で生活できるようにするために、年齢、生活環境に応じた生活習慣をコーディネートし提言する。」という学習課題を示し、それに生徒が取り組んでいます。グループごとに生活習慣を改善するアドバイスを考えます。

　生徒は、それまでに保健体育で学んだ「健康な生活と病気の予防」（健康の成り立ち、運動と健康、食生活と健康、休養・睡眠と健康、生活習慣病とその予防）の内容を教科書やノート等で確認しながら提案内容を検討し始めます。

2 学びのリソース（資源）

　この生徒は途中で家庭科のファイルを取り出し、料理ごとのカロリーの一覧表を見ながら計算を行い献立の改善案を考えています。

　議論の途中で、あるグループから自家用車での通勤を自転車通勤に変更する可能性を尋ねられた教師は、自分のスマートフォンの画面をモニターに映し、「この間、調べてみたら〜」と自転車での通勤にかかった時間、消費カロリーの情報を提供しました。生徒たちはこの情報を踏まえてさらに議論を行っていました。

　生活習慣改善プランについてのグループでの話し合いでは、様々なテキストや資料、Web上の情報だけでなく、個々の生徒の知識や経験が学びのリソースとして活用されます。例えば、上の写真では、カロリーの制限の点から夕食の際にビールを1本までに限定すべきだという男の子の提案に対して、奥の女の子が「晩ご飯の時にビール1本だと少な過ぎでかわいそうだよ」と意見を述べています。自分の家庭での夕食の場面を思い浮かべたのでしょうね。このように多様な視点から課題についてのアイディアが出し合われて検討が進むことで現実の文脈にある問題の解決に近づくことができます。

学びのリソースを意識した学習環境

　授業観察に行くと、子どもの学びのリソースとなり得る情報が広幅用紙等で教室の側面に提示してあることに気づくことがあります。国語を例に挙げると、前の時間に黒板に貼って書き込みを行った拡大版教科書

2　学びのリソース（資源）　　213

本文が教室の側方の壁に掲示されているものも一種のリソースと考えられます。議論の途中、それを参照することで、話題となっている出来事についての解釈を前の場面の出来事とつなげて行うことが促されます。

　先ほどの中学校保健体育の例でもあったように、その授業における学習課題の解決にどのようなリソースが必要になるかということを教師が前もって理解していれば、モニターで提示できるように資料を準備したり、教室の側面に情報を提示したりしておくことが可能となります。授業の観察においては、課題解決の過程において、子どもがどのようなリソースを活用しているか、また多様なリソースへのアクセスが十分に確保されているか（どこに制限があるか）という観点で彼らの学びを見るようにすると、そこで起きている学びをより精緻に捉えることができるようになります。

参考文献

瀬尾美紀子・植阪友理・市川伸一（2008）学習方略とメタ認知．三宮真智子編著『メタ認知　学習力を支える高次認知機能』pp.55-74，北大路書房

文部科学省（2022）「今、求められる力を高める総合的な学習の時間の展開」
　https://www.mext.go.jp/a_menu/shotou/sougou/main14_a2.htm

第 5 章

ICT やクラウド

　ある小学校 1 年生の算数科の授業です。「かずをわかりやすくせいりしよう」というデータの整理に関する内容でした。大きさの異なるぞうやキリン、しまうま、うさぎの絵を用いて、数の大小がわかりやすくなるように並べる課題に取り組んでいます。モニタには、子どもたちの並べ方がクラウド経由で一覧で表示されており、ある男の子がモニタにある他の子どもの並べ方を指差し、「ねえ、これ面白いよ！」と、隣の女の子に声をかけて一緒に見ようと誘っています（図 1）。
　従来であれば、このように他の子どもの解を自由に見ることはできな

図1　クラウドを用いた他者の解の共同参照

かったでしょう。ところが、クラウドを用いることで、このように今まで見ることができなかった他者の考えに触れることができるようになります。つまり、子どもたちに新たな学習環境が生まれています。

　髙橋（2022）は、ICTを活用した教育について、クラウドの概念を導入するべきと述べています。クラウドを用いることで、たとえば、ひとつのファイルを共同で編集することが可能になっています。従来、文書を作成するとなると誰か一人が作成してそれを送る、という手順だったものが、クラウドを用いることで、複数人で同じファイルを同時に編集することが可能になります。これをたとえば、授業に応用すれば、あるひとつのファイルにみんなが一斉にコメントや振り返りを書くことで、他の子どもの振り返りやコメントを見ながら、自分の考えをまとめ、記述することができるようになります。何をどう書けばよいかわからず、つまずいている子にとっては、大変な助けになることでしょう。

　このように、ICTという道具を使うことに主眼が置かれるのではなく、クラウドによって子どもたちに新たな学習環境が生まれることに着目す

ることが求められます。山内（2020）によれば、学習環境のデザインで対象となるのは、「空間」「人工物」「活動」「共同体」の4側面があります。ICTやクラウドの点で言えば、特に「人工物」としてのICTやクラウドというメディアによって、どのような学習活動が行われるかを考えていくことが大事になります。

　このように子どもたちの学習環境としてのICTやクラウドを考えると、そもそも子どもたちを取り巻く情報環境も大きく変化していることに気づきます。そのこともまた、授業を考える際の視点として重要になります。

子どもを取り巻くクラウド環境

　クラウド環境によって、子どもたちを取り巻く社会も様々な状況が可視化、促進されています。子どもたちはスマートフォンやタブレット端末等を用いたクラウド環境にいます。図2に示すように、スマートフォンの世帯保有率は、2010年には9.7％だったものが、2021年には88.6％となっています（総務省，2022）。YouTubeなどの動画サイトや、SNS

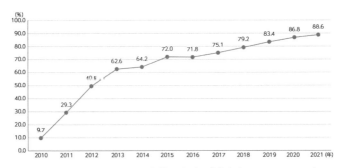

図2　スマートフォンの世帯保有率（総務省，2022, p.20）
（出典）総務省「通信利用動向調査」を基に作成

などの利用がもはや世帯によって日常化しているといっても過言ではない状況です。事実、令和6年1月の能登半島地震において、安否確認の手段はLINEが突出していますし、その一方で、誤情報の拡散が課題として浮上しています（総務省，2024）。

そうした中で、確証バイアスによるエコーチェンバーや、フィルターバブルなどの問題も指摘されてきました。令和5年版情報通信白書（総務省，2023）によれば、確証バイアスとは人がもつ「『自らの見たいもの、信じたいものを信じる』という心理特性」（p.30）のことを指しています。この心理特性と、クラウドサービスが提供する、個人のインターネット上のコンテンツ利用状況や検索、閲覧、購買のデータ等を利用したレコメンデーション（お勧め）や広告等が優先的に情報提供されることが組み合わされると、自分自身の興味ある情報にのみ触れるようになっていきます。そのような状況を、フィルターバブルと呼びます。

そして、そのような状況下で、SNS等で、自分自身と興味関心の近い利用者同士でコミュニケーションすることにより、自分自身と似た意見が返信されてきたり、「いいね！」がたくさんついたりすることになって、自分自身の視野において特定の意見や思想のみが増幅していきます。このような現象をエコーチェンバーと呼びます。それに確証バイアスが重なり、自分自身の意見がたとえ一面的な見方に偏っていても、それに気づかないまま、より正しく、間違いのないものだと確信を深めていってしまいます。

このようなSNS等の特性について、日本は特に他国に比べて認識が弱いことが明らかになっています（図3）。したがって、このようなSNS等の性質があることへの理解もまた、授業の中で育てていくことが求められています。

そして、このことは社会の大きな出来事として捉えられていますが、

218 　第Ⅱ部 ● 授業で何を見るのか　第5章 学びを仲立ちするメディア

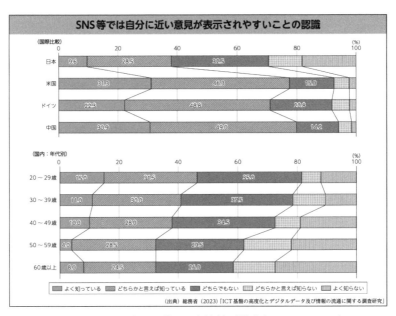

図3　SNSに関する認識の国際比較（総務省，2023, p.36）

教室内でも同様のことが起きていないかを見ることは重要です。たとえば、ある子が多数の子どもの解を見るときに、どのように見ているかを丁寧に観察してみましょう。他の子どもの考えを耳で聞くときは丁寧でも、他の子が書いたものを見るときは、まるでSNSの投稿を見るかのように、タブレットを操作する指が素早くスワイプするシーンを何度か見たことがあります。自由に選べることが必ずしも多様な考えに触れることにはならないことに注意することが必要です。

このようなことから、教室にクラウド環境が入ったことで、教室のコミュニケーションは2層になっていると考えた方が良いと考えます。第1の層は、対面でのコミュニケーションです。たとえば、ペアやグループ、全体でも、子ども同士がお互いの考えを交流する場面が思い浮かびます。第2の層は、クラウドを経由したコミュニケーションです。こちらはた

図4　ICT活用の授業における「虫の目」「鳥の目」「魚の目」

とえば、他者の回答が端末上や、モニタ上などで一覧で見える場面です。上述したように、他者の考えを聞くときと、他者の回答を見るときとでは、同じように他者の考えを知るというコミュニケーションが行われていても、その質は異なります。クラウドで実現されていることだけではなく、子どもの目線から子どもの学びをとらえていくことが求められます。

　一方で、クラウド環境により、新たな子どもの学び方も実現されています（図4）。従来は、子ども同士のコミュニケーションのみで、お互いの考えを俯瞰してみることは難しかったところです。いわば、「虫の目」しかなかったと言えるでしょう。しかし、モニタ上で全員の回答が見えるようになったことで、今までは教師しか得ることのできなかった俯瞰的に見る見方を、子どもたち自身ができるようになったと言えます。いわば、子どもも「鳥の目」を獲得したということです。それにより、今までできなかったような学びも展開できる可能性を秘めています。たとえば、子どもたちの「鳥の目」を活かして、より子どもたちが自分で進める学びのあり方です。そして、教師は、子どもたちの学びの流れを見る「魚の目」を持ち、必要に応じて子どもたちへの声掛け等を行うといっ

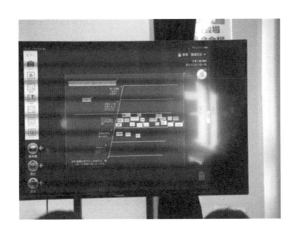

図5　多様な学びを共有・可視化するクラウド

た関わりができるようになります。

　図5はある小学校高学年の理科の授業です。形を変えても重さが変わらないことについて、粘土で確認したのち、それぞれが考えた実験に取り組む授業です。子どもたちは実験の段階がどこまで進んだかをクラウド上のアプリで共同編集することで共有しています。このようにクラウドを用いた共同編集によって、個別の進み具合は様々でも、同じデータを作成しているという一体感も同時に得ることができるでしょう。

ここでは、他者がどんな問いを持ち実験をしているかを黒板上でも共有しています。子どもたちは実験データをタブレット上に記録しながら進めます。こうすることで、子どもたちは必要に応じて他者と関わりながら、一方で、自分のこだわりをもって、実験を進めることができています。紙コップを切ってみたり、粘土を分割したり、そして、少し誤差が生まれたときに、その原因を近くの他者と協働して追究したりしています。

　一人ひとりが個別最適に学びながら、一方で、孤独に陥らない協働的な学びの姿があったと言えるでしょう。

　このような ICT による学びの変化に加えて、最近では、生成 AI の利用についても様々な可能性と課題が指摘され、どう活用していくかが検討されています。テクノロジーの進歩としてだけでなく、それが子どもを取り巻く社会にどのような影響を与えているかを踏まえながら、授業での子どもたちの学びを見ていくことが求められています。

参考文献

総務省（2022）『令和 4 年版情報通信白書』
　https://www.soumu.go.jp/johotsusintokei/whitepaper/ja/r04/pdf/01honpen.pdf
　（2024 年 12 月 30 日最終確認）
総務省（2023）『令和 5 年版情報通信白書』
　https://www.soumu.go.jp/johotsusintokei/whitepaper/ja/r05/pdf/index.html
　（2024 年 12 月 30 日最終確認）
総務省（2024）『令和 6 年版情報通信白書』
　https://www.soumu.go.jp/johotsusintokei/whitepaper/ja/r06/pdf/index.html
　（2024 年 12 月 30 日最終確認）
髙橋純（2022）『学び続ける力と問題解決―シンキング・レンズ，シンキング・サイクル，そして探究へ』東洋館出版社
山内祐平（2020）『学習環境のイノベーション』東京大学出版会

【第5章　書籍紹介】

①佐伯胖（著）(1986)「コンピュータと教育」岩波新書
　GIGAスクール構想以来、学校教育とICTをめぐる議論が活発になっていますが、コンピュータと教育をめぐる問題をあえて過去文献から学んでみましょう。1980年代に、佐伯胖氏は「教育的まなざし」をもってコンピュータとの関係を築いていくことが重要であると指摘しました。学びにおけるICTの活用について普遍的かつ本質的な視点での示唆が得られます。

②石井順治（著）(2021)『続・「対話的学び」をつくる：聴き合いとICTの往還が生む豊かな授業』ぎょうせい
　「対話的学び」とはどういうものか、子どもの成長と学びにとってどれほど大切なものであるかということを具体的な実践の事実に基づいて論じています。「対話的学び」実現に必要となる「聴き合う学び」を育てる上での要点が整理して示されています。

③髙橋純（著）(2022)『学び続ける力と問題解決―シンキング・レンズ、シンキング・サイクル、そして探究へ』東洋館出版社
　ICTを活用することで、子どもの学びの姿がどのように変わっていくのか。重要なのは、子どもたちの学びの質を高め、探究を支えるためのテクノロジーの活用にあることが、本書を読むとよくわかります。ICTやクラウドの活用の本質、これからの時代に向けた子どもの新たな学びのあり方について、わかりやすく書かれています。

授業を研究するのに大事なことは何か

1 自らの気付きを大事にする

2 他者との対話に参加する

3 研究として記録にまとめる

自らの気付きを大事にする

　授業を参観し研究や探究する目的は、教育実習生、卒論や修士論文執筆のための学生、現職教員として同僚や他校の授業から学ぶため、助言者として校内研修等に入れてもらうためなど様々です。しかし大事なことは、授業を観ることで得られる気付きを大事に記録し振り返ることです。

　図1は、独立行政法人 教職員支援機構（NITS）が2024年に「研修観の転換に向けたNITSからの提案「（第一次）豊かな気付きの醸成」」とした報告書の中の図です。ここでは研修の参加ということで書かれていますが、「研修」と記されたところを「研究」として、「実践や教材」を「授業」として読み替えてみてください。気付きによって「意味付けや考えの枠組みの捉え直し」や「自己の在り方の発見や問い直し」が生まれることに気付きます。そしてそれが専門的な知識や力量を深めることにつながります。もちろん、そこにはそれに関連した知識やスキルを得たり、他者との対話が大事であるのは言うまでもありません。

　気付きには「何について」「どのように」「どのような証拠から」気付くのか、そしてどのような推論や分析、解釈や評価がなされているのかを意識してみることで自分の気付きが深くなるかもしれません。気付きの水準として「全体の環境、行動、活動に注目し何が行われているかを見る」ことを基本とすると、そこから「特定の子どもや教師の経験や内

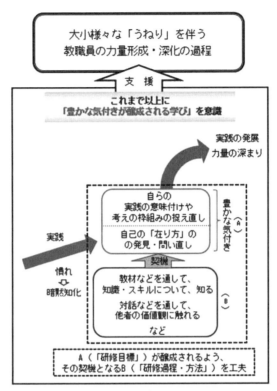

図1　豊かな気付きが醸成される学び（教職員支援機構 2024）

面に注目した焦点化した気付き」そしてさらに「特定の子ども（教師）の経験や育ちと学びと周囲の関わりや環境の関係性に注目する拡張された気付き」へと深まっていきます（van Es, 2010）。

　その時に校内研修などに参加する場合には、あらかじめ配布されている指導案等の流れや単元計画における何時間目なのかなど、それまでの授業の流れを読むことで、授業者の意図や学びの流れを知ることができます。授業は単元計画の中で前時とのつながりがあり、また研究授業等の場合には、授業者の意図などを明らかにしたり、教材について研究する事前研究会や授業を観た後に語り合う事後研究会が行われる場合もあ

ります。その場に参加することで、その授業者や学校の探究のサイクルについて参加して学ぶことで、当該授業の意味付けもよりよく深く理解することができます。

　指導案は簡易なものから詳しいものまで、学校のスタイルや目的によっていろいろあります。単元の流れを子どもの問いの吹き出しで記したり（図2）、本単元と他の学年計画との関係を記したものもあります。学校や授業者の工夫からも学ぶことができます。

図2　子どもの問いから記した単元構想

　図3は幼小連携接続を意識した授業で、1年の授業者が本単元の前とその後の教科の系統性がわかるように記しています。その時の授業者の意図によって単元案も授業の指導案（学習活動案）もいろいろなことを読み取ることができます。そうした流れの中で授業をみることで、より

気付きを深めることができます。

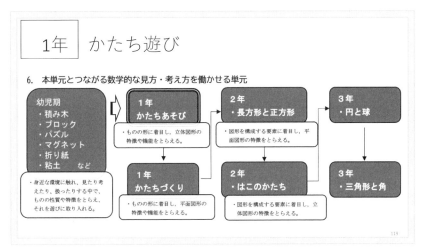

図3　単元を教科の系統性と共に記した構想案

　また授業の中での発話や姿だけではなく、子どもが書いたノートやワークシート、クラウド上のスタディログ（学習行動履歴）などを捉えることで、授業中の見えにくい部分を知ることもできます。また授業は前時からのつながり、家庭での学習とのつながり、次の授業への期待や見通しなどのつながりを捉えることが大切です。そのために自学ノートや教科日記などの形で、授業の振り返りや予習などを行っている学級や学校もあります。どのような学びの習慣が育てられているのか、その学びの習慣も捉えながら授業を観ていくことで、子どもの意識や学びのつながりがよりよく見えてきます。

　近年では、リーディングDX事業などで、さまざまな学校がICT端末や生成AIを活用した授業、学習ログ等の利用の工夫等にも取り組んでいます。それらの具体的事例も参考になるでしょう（https://leading-dxschool.mext.go.jp/）

他者との対話に参加する

　学部生や院生の場合には、授業後に授業者に自分の気付きを伝えて対話をすることで改めて気付くことも多いでしょう。また、校内研修や公開授業研究会に参加する場合には、他者に自分の気付きを伝えることで、他者の価値観や見方にふれて学ぶことができます。数人の少人数グループで対話をしてから皆でさらに共有して深め合う場合もあれば、参加者の人数によって対話の機会は様々です。

　皆が対等に自由な雰囲気で話せるように、付箋紙に見たことやコメントを書き合うなどのさまざまな手立てが使われます。また授業の速記録や写真・動画をあらためて見返すなどの方法も根拠や見返すために役立ちます。授業研究での事後研究会の在り方については、さまざまな図書がありますので、それらを参考にされると良いと思います（例えば、秋田・ルイス，2008、鹿毛・大島，2017、木村・岸野，2019 など）。

　気付きの共有を制限する発言は、実践をすぐに一般化や標準化しようとしたり、授業が成功かどうかなど、価値づけて称賛したりする発言です。そうした発言は、参加者がお互いに補足したり反論したりして一緒に探索的に対話をすることや、他の発言が観察内容を詳しく説明したりさらに解釈したりすることを阻害し、新しい解決策や提案が生まれるのを妨げます（Karlsen, Nina Helgevold, 2019）。自らの視点で行った観察

写真　子どもたちの声を聴く授業事後研究会

内容を相互に語り合うことで、子どもの育ちや学びにより深く注目する機会が生まれます。

　また近年では、子どもの授業中の思考を推測するだけではなく、研究授業の直後に短時間を設け「お話タイム」と呼んで、子どもたちの授業の思考や感想を尋ねてから教師同士が対話をするような、子どもも参加する授業の事後研修会を行っている小中学校もあります（写真）。これによって、参観教師の推測だけではなく、子どものその時の気持ちを聴くこともできます。そのためには、子どもの声を傾聴する大人側の姿勢

2 他者との対話に参加する　｜　231

も影響してくるでしょう。

　また、異校種、異業種などの人との対話をする場合には、より長期的な視点から、その授業の意味や価値を説明する必要性が生じます。対話の場の参加者間の関係によって、何をどのように話すのか、何に気づき何を共有するかも変化してきます。これからは、リアル空間とオンライン空間の両面での対話も有効に使いわけることで、気づきや学びを深めることもできます。

研究として記録にまとめる

　参観の目的によって、それをどのような形式で書いてまとめるのかは、様々です。事例をそのまま記録として書く報告もあれば、記録の中のエピソードを目的に応じて取り上げまとめることもあれば、録画した画像や音声を文字に起こしたりして、質的な方法や量的にカテゴリーなどに分類して分析するなどの方法があります。いずれにおいても、その根拠に基づいて自らの気付きを振り返り、解釈を考察としてまとめていくことになります。

　その方法については、それだけでも1冊になる内容であり、教育研究法の本がさまざま刊行されていますので参考にされてください（例えば、秋田・恒吉・佐藤，2005，　秋田・藤江，2019，木村・岸野，2019など）。

　大事なことは、発表や論文等で公開する際にはあらかじめ、授業者や学校の許可を得ることです。子どもや教師の個人情報を匿名にするなどで保護することが倫理的に求められます。研究を行ったら、授業を開いて見せてくれた授業者や生徒への感謝の気持ちをもってそれを報告することになります。

　また、それを論文等としてまとめる時には、先行の知見とのつながりや、その得られた知見からの示唆や、さらなる研究への課題を記すことが、授業を問い続けていくためには大切な点といえるでしょう。

> **コラム**
>
> 　学校での校内研修等に関しては、独立行政法人 教職員支援機構（NITS）で、以下のようなさまざまな動画が準備されています。自身の研究関心にあった内容について、自身で、あるいは仲間や同僚と共に見ることによって、何をどのように見るのかということに関する知識や枠組みを持つことができます。
>
> https://www.nits.go.jp/materials/
>
> | 個人や組織でテーマに沿って学ぶ | 授業等の実践に役立てる |
> |---|---|
> | ❯ 校内研修シリーズ | ❯ 実践力向上シリーズ |
>
> | 学習指導要領について理解する | 教師の魅力や学校の様子を知る |
> |---|---|
> | ❯ 新学習指導要領シリーズ | ❯ 基礎的研修シリーズ |
>
> | 校内研修の充実を図る | 教職員研修の在り方を問い直す |
> |---|---|
> | ❯ 研修プランシリーズ | ❯ シリーズ「これまでの研修、これからの研修」 |

参考文献

秋田喜代美・恒吉僚子・佐藤学（2005）『教育研究のメソドロジー：学校参加型マインドへのいざない』東京大学出版会

秋田喜代美・藤江康彦（2019）『これからの質的研究法—15の事例にみる学校教育実践研究』東京図書

秋田喜代美・キャサリンルイス（2008）『授業の研究 教師の学習：レッスンスタデイへの誘い』明石書店

鹿毛雅治・藤本和久（2017）『「授業研究」を創る：教師が学びあう学校を実現するために』教育出版

木村優・岸野麻衣（2019）『授業研究—実践を変え、理論を革新する』新曜社

教職員支援機構（2024）「研修観の転換に向けたNITSからの提案（第一次）豊かな気付きの醸成」 https://www.nits.go.jp/about/strategy/#suggestion

Elizabeth A. van Es. 2010 A Framework For Learning to Notice student Thinking. In Miriam Gamoran Sherin, Victoria R. Jacobs and Randolph A. Philipp

（Eds.）Mathematics Teacher Noticinseeing through Teachers' Eyes. Routledge. P134-151.

Karlsen, Nina a Helgevold 2019 Lesson Study: analytic stance and depth of noticing in post-lesson discussions. International Journal for Lesson and Learning Studies. International Journal for Lesson and Learning Studies Issue（s）available: 53-From Volume: 1 Issue: 1, to Volume: 14 Issue: 5

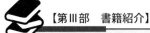
【第Ⅲ部　書籍紹介】

①日本教育方法学会（編）(2009)『日本の授業研究（上）（下）』渓水社
　日本の授業研究の歴史的展開や広がりを知ることのできる2冊です。日本教育方法学会のメンバーで授業研究に関わる人が多様な観点から書いているので、この領域全体を観るのに役立ちます。

②ドナルド・ショーン（著）柳沢昌一 他（翻訳）(2007)『省察的実践とは何か』鳳書房
　教師だけではありませんが、専門家の「行為の中での省察」や「行為後の省察」、「技術的合理性と反省的実践」など教師の学びや教師教育に関わる人の必読書ともいえる1冊です。

③深澤広明・吉田成章（編）(2023)『授業研究を軸とした学習集団による学校創り』渓水　社
　いわゆる授業研究だけではなく、学習集団としての学校創りや学習集団研究として、アクセル・ホネットやパウロ・フレイレなどの批判理論などの思想的な側面までをカバーした挑戦的な本です。

④秋田喜代美・恒吉僚子・佐藤学（編）(2005)『教育研究のメソドロジー：学校参加型マインドへのいざない』東京大学出版会
　学校に参画して研究をするためのアクション・リサーチやエスノグラフィーなどの質的方法から比較研究や量的研究などの方法の基本的な考え方と具体的な方法や倫理に関して解説した本なので教育に関する研究方法を知りたいときに有効な1冊です。

⑤ジョン・ハッテイ、レイモンド・スミス（著）／原田信之（訳者代表）(2022)『スクールリーダーのための教育効果を高めるマインドフレーム』北大路書房
　終章に、スクールリーダーの「なぜ」の問いかけが学校を成功に導くと終章に記されているように、教師のマインドフレームに問いかけ、可視化された学習の重要性や学校改善への道筋を描いています。直接授業を問うた本ではありませんが、教師や学習者自身のマインドフレームを問い直す視点を提供してくれます。

掲載協力校

本書内に掲載の写真はすべて以下の学校のご了解のもとで掲載しています。また本書内の子どもの氏名等はすべて仮名としています。

大阪府和泉市立南松尾はつが野学園
大阪府和泉市立和泉中学校
沖縄県南城市立大里北小学校
学校法人稲置学園 星稜中学校
群馬県太田市立城西小学校
群馬県渋川市立赤城北中学校
群馬県渋川市立伊香保中学校
群馬県渋川市立子持中学校
群馬県高崎市立京ヶ島小学校
群馬県東吾妻町立岩島小学校
群馬県前橋市立荒牧小学校
群馬大学共同教育学部附属小学校
群馬大学共同教育学部附属中学校
新潟県加茂市立加茂西小学校（現在は閉校）
新潟県五泉市立五泉小学校
新潟県佐渡市立高千小学校
新潟県佐渡市立高千中学校
新潟県三条市立一ノ木戸小学校
新潟県三条市立大島中学校
新潟県新発田市立加治川中学校
新潟県長岡市立大河津小学校
新潟県長岡市立中之島中央小学校
新潟県新潟市立鳥屋野小学校
新潟大学附属新潟中学校
兵庫県神戸市立伊吹の丘小学校
福井大学教育学部附属義務教育学校
福島県会津若松市立鶴城小学校
福島県いわき市立内郷第一中学校
福島県いわき市立夏井小学校
福島県郡山市立金透小学校
福島県郡山市立橘小学校
福島県郡山市立芳山小学校
福島県福島市立福島第三小学校
福島県三島町立三島小学校
福島県三島町立三島中学校
三重県松阪市立西黒部小学校
（五十音順）

あとがき

　まえがきで述べているように、「授業を研究する」ためには、授業を観るための視点や知識を持つことがどのような人にとっても大切であるという認識のもとに、本書はその知識や概念を中心に解説することを重点に置いています。日本での授業研究の歴史は、明治時代の近代学校の成立から生まれ、長い伝統を持っています。生のライブの授業を観ること、それをもとに語り合うことが特徴であり、日本の授業研究の文化やスタイルはレッスンスタディと呼ばれて、現在では世界の60か国を超える国々に伝えられ、北米やヨーロッパ、シンガポール等を経由して世界中に広がっています。

　しかし改めて振り返ると、日本では教師の不足や多忙化もあり、授業の研究は、本来教師の専門性を高める必須の業務の一環でありますが、必ずしも十分に時間が割けない状況もあります。また教員養成課程においても、指導法は学んでも、授業の見方は実習に行くまであまり経験していないという大学の教職課程もあります。そうした中で、4名の著者は同じ研究室の仲間として大学院で学び合い、就職後も学校に関わってきた視点をもとに本書を記しています。ですので、これは1つのある学問の系譜の中での、授業の見方になります。

　ぜひこの本をどこからでも読んでいただき、実際に授業を参観した後、この本のこの部分はこうではないか、などの対話のきっかけや一助になれば、うれしく思います。頁数の制限等から、授業研究と一般に言われるもののすべてを網羅しているわけではなく、研修協議の方法などはすでに刊行されている他の著書にゆだねている部分もあります。しかし令和の時代のこれからの授業研究を展望するために活用いただければ幸いです。

索　引

■欧字

1枚ポートフォリオ（OPP：One Page
　Portfolio）　　　　　　　　　　113
Agency　　　　　　　　　　　　68
GIGA スクール構想　　　　　　199
ICT　　　　　　　　　　　　　16
ICT 端末　　　　　　　　　　　200
IRE 連鎖　　　　　　　　　　　29

■ア行

足場　　　　　　　　　　　　　54
足場かけ　　　　　　　　　　　144
アナログとデジタルを行き来　　206
一斉授業　　　　　　　　　　　23
エコーチェンバー　　　　　　　218
エンゲージメント　　　　　　　160
援助要請（help-seeking）　　　　54
オープンスペース　　　　131, 150

■カ行

外化　　　　　　　　　　　95, 145
学習活動案　　　　　　　　　　228
学習環境のデザイン　　　　　　217
学習行動履歴　　　　　　　　　229
学習材　　　　　　　　　　　　5
学習材の意味　　　　　　　　　5

確証バイアス　　　　　　　　　218
隠れたカリキュラム（ヒドゥン・カリ
　キュラム）　　　　　　　　　195
課題構造　　　　　　　　　　　14
カリキュラム　　　　　　　　　22
カリキュラムマネジメント　　　184
聴き合う　　　　　　　　　　　134
聴く　　　　　　　　　　　　　58
訊く　　　　　　　　　　　　　59
起承転結　　　　　　　　　　　171
気付き　　　　　　　　　　　　226
教育的まなざし　　　　　　　　201
教科の系統性　　　　　　　　　228
教室掲示　　　　　　　　　　　136
教師の居方　　　　　　　83, 134
教職員支援機構　　　　　　　　226
共同注視（Joint Attention）　79, 89
共同編集　　　　　　　　　　　222
挙手のしかた　　　　　　　　　77
記録　　　　　　　　　　10, 233
駆動質問　　　　　　　　　　　68
クラウド　　　　　　　　　　　216
クラウド環境　　　　　　　　　217
グラウンド・ルール　　　　　　191
研修観の転換　　　　　　　　　226
公開授業研究会　　　　　　　　230
校内研修　　　　　　　　　　　230
互恵的　　　　　　　　　　　　54
子どもの表情　　　　　　　　　76

| 子どもの学びの視点 | 170 |
| コの字型 | 130 |

■サ行

参加構造	14, 34, 129
思考ツール	98
システム	19
事前研究会	227
実践記録	69
指導案	228
自分ごと	70
授業分析	171
主体性	19
情報を批判的に吟味	200
書字随伴型	145
スタディログ	229
生成 AI	223

■タ行

立ち位置	9
単元	174
単元内自由進度学習	16
探索的な会話（exploratory talk）	38
知識構築	144
沈黙	44
出来事	18
デザイン	149
デジタル機器	13
展開構造	14
電子黒板	142
導入	164
図書館	151

■ハ行

バーチャル空間	16
発表的な会話（presentational talk）	40
板書の写真	139
フィルターバブル	218
文房具としての ICT	147
ペアや小グループ	23
ポートフォリオ	111, 142

■マ行

待つ	46
学びの足跡	22
学びの足あと	139
学びのかけら	18
学びの文脈	78
学びのリソース	209
間や待つこと	6

■ラ行

ラーニング・ストーリー	19
ラポール	7
リアルな空間	16
倫理ガイドライン	13
倫理綱領	13
倫理的	233

■ワ行

| わからなさ | 51 |

■著者紹介

秋田喜代美（あきた きよみ）（第Ⅰ部，第Ⅲ部 執筆）

1991 年　　東京大学大学院教育学研究科博士課程修了　博士（教育学）
　　　　　　東京大学大学院教育学研究科長・教育学部長　同教授を経て
現　　在　　学習院大学文学部教授，東京大学名誉教授
　　　　　　教育心理学・発達心理学・保育学
〈主要著書〉『人はいかに学ぶのか：授業を変える学習科学の新たな挑戦』共監訳
　　　　　　　　　　　　　　　　　　　　　　　　　　　　　（北大路書房，2024）
　　　　　　『これからの教師研究—20 の事例にみる教師研究方法論』共編著
　　　　　　　　　　　　　　　　　　　　　　　　　　　　　　（東京図書，2021）
　　　　　　『これからの質的研究法— 15 の事例にみる学校教育実践研究』共編著
　　　　　　　　　　　　　　　　　　　　　　　　　　　　　　（東京図書，2019）
　　　　　　『学校教育と学習の心理学』共著（岩波書店，2015）
　　　　　　『学びの心理学—授業をデザインする』（左右社，2012）
　　　　　　『はじめての質的研究法：教育・学習編』監修・共編著
　　　　　　　　　　　　　　　　　　　　　　　　　　　（東京図書，2007）ほか

一柳智紀（いちやなぎ とものり）（第Ⅱ部 第1章1, 2, 3, 4, 5，第2章4，第3章4，第4章3, 4, 5 執筆）

2011 年　　東京大学大学院教育学研究科博士課程修了　博士（教育学）
　　　　　　新潟大学教育学部准教授を経て
現　　在　　東京大学大学院教育学研究科准教授
　　　　　　教育心理学，教育方法学，発達心理学
〈主要著書〉『学校に還す心理学：研究知見からともに考える教師の仕事』共著
　　　　　　　　　　　　　　　　　　　　　　　　　　　（ナカニシヤ出版，2020）
　　　　　　『これからの質的研究法— 15 の事例にみる学校教育実践研究』分担執筆
　　　　　　　　　　　　　　　　　　　　　　　　　　　　　　（東京図書，2019）
　　　　　　『岩波講座　教育　変革への展望 5　学びとカリキュラム』共著
　　　　　　　　　　　　　　　　　　　　　　　　　　　　　　（岩波書店，2017）
　　　　　　『授業における児童の聴くという行為に関する研究—バフチンの対話論に
　　　　　　　基づく検討』（風間書房，2012）　ほか

坂本篤史（さかもと あつし）（第Ⅱ部 第1章6, 7, 第3章2, 3, 第4章2, 第5章1, 3 執筆）
2012年　東京大学大学院教育学研究科博士課程修了　博士（教育学）
　　　　名古屋石田学園星城大学特任講師を経て
現　在　福島大学人間発達文化学類准教授
　　　　教育方法学・授業論・教師論
〈主要著書〉『これからの教師研究─20の事例にみる教師研究方法論』分担執筆
　　　　　　　　　　　　　　　　　　　　　　　　　　（東京図書，2021）
　　　　　『これからの質的研究法─15の事例にみる学校教育実践研究』分担執筆
　　　　　　　　　　　　　　　　　　　　　　　　　　（東京図書，2019）
　　　　　『学校教育と学習の心理学』共著（岩波書店，2015）
　　　　　『協同的な省察場面を通した教師の学習過程：小学校における授業研究事
　　　　　　後協議会の検討』　　　　　　　　　　　（風間書房，2013）　ほか

濵田秀行（はまだ ひでゆき）（第Ⅱ部 第2章1, 2, 3, 第3章1, 第4章1, 第5章2 執筆）
2015年　東京大学大学院教育学研究科博士課程修了　博士（教育学）
　　　　群馬大学教育学部准教授を経て
現　在　群馬大学共同教育学部教授
　　　　国語教育学・読書科学・教育心理学
〈主要著書〉『パネル調査にみる子どもの成長　学びの変化・コロナ禍の影響』
　　　　　　　　　　　　　　　　　　　　　分担執筆（勁草書房，2024）
　　　　　『これからの質的研究法─15の事例にみる学校教育実践研究』分担執筆
　　　　　　　　　　　　　　　　　　　　　　　　　　（東京図書，2019）
　　　　　『読書教育の未来』分担執筆（ひつじ書房，2019）
　　　　　『他者と共に「物語」を読むという行為』（風間書房，2017）

〈五十音順〉

これからの授業研究法入門　〜23のキーワードから考える〜

2025年4月25日　第1刷発行　　　　　　　　　　　　　　Printed in Japan
　Ⓒ Kiyomi Akita, Tomonori Ichiyanagi, Atsushi Sakamoto, Hideyuki Hamada 2025

著　者　秋田喜代美・一柳智紀・坂本篤史・濵田秀行
発行所　東京図書株式会社
　　　　〒102-0072　東京都千代田区飯田橋3-11-19
　　　　電話：03-3288-9461
　　　　振替：00140-4-13803
　　　　http://www.tokyo-tosho.co.jp

ISBN 978-4-489-02435-1

● 質的研究を研究プロセスに沿って取り組める

はじめて「質的研究」を「書く」あなたへ
— 研究計画から論文作成まで —

太田裕子 著
A5 判 240 頁 定価 2420 円　ISBN 978-4-489-02320-0

初めて質的研究を用いて研究を行い、論文を作成しようとする人のために、「質的研究」と「書く」という切り離すことができない活動を、研究プロセスに沿って取り組める構成となっています。第1章から順に読み進み、論文作成ワーク等の活動に取り組みながら、最終的に一本の論文を書き上げるという経験をすることで、読者は研究が一気に進むことを実感できます。著者はやさしく語りかけるような文体で、よき伴走者として最後まで寄り添います。

● 論文を読み解くポイントが見えてくる！

心理学・社会科学研究のための
調査系論文の読み方　改訂版

浦上昌則・脇田貴文 著
B5 判変形 256 頁 定価 3080 円　ISBN 978-4-489-02349-1

「統計を使った論文が読めるようになる」ことを目的とした本書は、その手法が使われた理由と結果の意味が理解できるよう解説のポイントを厳選。論文には決して書かれることのない部分を補いつつ、書き手の視点から論文を読む筋道を解説します。改訂版では新たに確認的因子分析、効果量、χ^2 検定について取り上げ、その他の部分もより理解しやすいように加筆修正しました。

●「流れ」を真似ることで分析の道筋が見えてくる！

心理学・社会科学研究のための
調査系論文で学ぶ R 入門

脇田貴文・浦上昌則・藤岡 慧 著
B5 判変形 256 頁 定価 3080 円　ISBN 978-4-489-02367-5

データの分析には「流れ」があります。卒業研究等の分析で困っている人も、この「流れ」を知れば、自分の行うべき分析の道筋が見えてくるでしょう。本書は、サンプル論文の記述から分析の「流れ」を把握し、その「流れ」にそって R を学習できるようになっています。

坂本篤史（さかもと あつし）（第Ⅱ部 第1章6,7，第3章2,3，第4章2，第5章1,3 執筆）
2012 年　東京大学大学院教育学研究科博士課程修了　博士（教育学）
　　　　　名古屋石田学園星城大学特任講師を経て
現　　在　福島大学人間発達文化学類准教授
　　　　　教育方法学・授業論・教師論
〈主要著書〉『これからの教師研究─20 の事例にみる教師研究方法論』分担執筆
（東京図書，2021）
　　　　　　『これからの質的研究法─15 の事例にみる学校教育実践研究』分担執筆
（東京図書，2019）
　　　　　　『学校教育と学習の心理学』共著（岩波書店，2015）
　　　　　　『協同的な省察場面を通した教師の学習過程：小学校における授業研究事
　　　　　　　後協議会の検討』　　　　　　　　　　　　（風間書房，2013）　ほか

濵田秀行（はまだ ひでゆき）（第Ⅱ部 第2章1,2,3，第3章1，第4章1，第5章2 執筆）
2015 年　東京大学大学院教育学研究科博士課程修了　博士（教育学）
　　　　　群馬大学教育学部准教授を経て
現　　在　群馬大学共同教育学部教授
　　　　　国語教育学・読書科学・教育心理学
〈主要著書〉『パネル調査にみる子どもの成長　学びの変化・コロナ禍の影響』
分担執筆（勁草書房，2024）
　　　　　　『これからの質的研究法─15 の事例にみる学校教育実践研究』分担執筆
（東京図書，2019）
　　　　　　『読書教育の未来』分担執筆（ひつじ書房，2019）
　　　　　　『他者と共に「物語」を読むという行為』（風間書房，2017）

〈五十音順〉

これからの授業研究法入門　〜 23 のキーワードから考える〜

2025 年 4 月 25 日　第 1 刷発行　　　　　　　　　　　　　　Printed in Japan
Ⓒ Kiyomi Akita, Tomonori Ichiyanagi, Atsushi Sakamoto, Hideyuki Hamada 2025

著　者　秋田喜代美・一柳智紀・坂本篤史・濵田秀行
発行所　東京図書株式会社
　　　　〒 102-0072　東京都千代田区飯田橋 3-11-19
　　　　電話：03-3288-9461
　　　　振替：00140-4-13803
　　　　http://www.tokyo-tosho.co.jp

ISBN 978-4-489-02435-1

● 質的研究を研究プロセスに沿って取り組める

はじめて「質的研究」を「書く」あなたへ
― 研究計画から論文作成まで ―

太田裕子 著
A5判 240頁 定価 2420円　ISBN 978-4-489-02320-0

初めて質的研究を用いて研究を行い、論文を作成しようとする人のために、「質的研究」と「書く」という切り離すことができない活動を、研究プロセスに沿って取り組める構成となっています。第1章から順に読み進み、論文作成ワーク等の活動に取り組みながら、最終的に一本の論文を書き上げるという経験をすることで、読者は研究が一気に進むことを実感できます。著者はやさしく語りかけるような文体で、よき伴走者として最後まで寄り添います。

● 論文を読み解くポイントが見えてくる！

心理学・社会科学研究のための
調査系論文の読み方　改訂版

浦上昌則・脇田貴文 著
B5判変形 256頁 定価 3080円　ISBN 978-4-489-02349-1

「統計を使った論文が読めるようになる」ことを目的とした本書は、その手法が使われた理由と結果の意味が理解できるよう解説のポイントを厳選。論文には決して書かれることのない部分を補いつつ、書き手の視点から論文を読む筋道を解説します。改訂版では新たに確認的因子分析、効果量、χ2検定について取り上げ、その他の部分もより理解しやすいように加筆修正しました。

●「流れ」を真似ることで分析の道筋が見えてくる！

心理学・社会科学研究のための
調査系論文で学ぶR入門

脇田貴文・浦上昌則・藤岡 慧 著
B5判変形 256頁 定価 3080円　ISBN 978-4-489-02367-5

データの分析には「流れ」があります。卒業研究等の分析で困っている人も、この「流れ」を知れば、自分の行うべき分析の道筋が見えてくるでしょう。本書は、サンプル論文の記述から分析の「流れ」を把握し、その「流れ」にそってRを学習できるようになっています。

●統計の概念から分析の手順、論文にまとめるまでの流れがわかる！

教育・心理系研究のための データ分析入門　第2版
— 理論と実践から学ぶSPSS活用法 —

平井明代 編著
B5判変形 296頁 定価 3080円　ISBN978-4-489-02262-3

専門分野に必要な統計の基本概念や理論、SPSSの基礎的な操作方法、APAに準拠した論文への記載例をまとめました。また、妥当性の論証に関する検証方法や有意性検定の問題点に対処する方法、効果量の目安となり得る最新の知見なども紹介。基礎から実践、まとめまで、教科書としても使える役立つ一冊。

●より高度な分析の手順、論文にまとめるまでの流れがわかる！

教育・心理・言語系研究のための データ分析
— 研究の幅を広げる統計手法 —

平井明代 編著
B5変形判 320頁 定価 3080円　ISBN978-4-489-02306-4

一歩進んだ分析をしたい――現場でニーズの高い分析手法を取り上げ、SPSSのほかにRを含む多数のソフトを利用して理論から方法までしっかり解説しました。さらにAPAに準拠した論文への記載例も紹介。これ一冊あればデータ分析の実践・まとめがスムーズに進められます。

●R導入からすぐ論文作成へ

教育・心理系研究のための Rによるデータ分析
— 論文作成への理論と実践集 —

平井明代・岡 秀亮・草薙邦広 編著
B5変形判 336頁 定価 3300円　ISBN978-4-489-02377-4

教育・心理系分野で必要な統計手法を網羅、さらにベイズ統計・機械学習も盛りだくさんに追加し、Rを導入してすぐ分析を行えるように丁寧に解説しました。論文・レポート作成や、講義・演習への活用への手引きがつまった、痒いところに手が届く一冊。

●理論と事例でみる質的研究法の必読書

これからの質的研究法
— 15の事例にみる学校教育実践研究 —

秋田喜代美・藤江康彦 編著
A5判 304頁 定価3080円 ISBN 978-4-489-02307-1

学校教育の現場で質的研究をしたいけれど、どうアプローチすればいいのか—質的研究をするには、しっかりとした方法論を身につける必要があります。本書は、概括的な「理論編」と、協働学習・探求学習・ＩＣＴを活用した新たな学びの動向や、教師・学校文化に関する15事例を紹介した「研究事例編」で構成。前著『はじめての質的研究法』から時を経て、さらに深化した研究の数々を紹介しています。

●これまでになかった"教師研究"のため入門ガイド

これからの教師研究
— 20の事例にみる教師研究方法論 —

秋田喜代美・藤江康彦 編著
A5判 336頁 定価3300円 ISBN 978-4-489-02362-0

教師とは誰か、その経験、思考、生き方、自己、文化を知ることは学校教育研究の基本であり、時代を超えて取り組まれうる研究領域です。本書はそのような"教師研究"のため入門ガイドとして、研究の動向や方法論など、基本的な概念や枠組みが理解できるようになっています。

●授業研究入門の決定版！

これからの授業研究法入門
— 23のキーワードから考える —

秋田喜代美・一柳智紀・坂本篤史・濵田秀行 著
A5判 256頁 定価3300円 ISBN 978-4-489-02435-1

授業研究／分析（教室コミュニケーションと学習環境）をテーマとした実践と研究方法の解説から、ICTや教室空間の分析事例も含めた授業のミクロ分析まで、教室の具体事例を通してのエピソード、物語としても読める、授業研究方法の入門書。